TOEIC®テスト 基礎の基礎から始める英単熟語

000

KOIKE NAOMI
小池直己

TOEIC is a registered trademark of Educational Testing Service (ETS).
This publication is not endorsed or approved by ETS.

はしがき

　英会話にせよ英文読解にせよ，まず単語・熟語の意味を知らなければどうにもならないし，発音，アクセントがわからなければコミュニケーションをスムーズに行うことも難しい。このようなことを考えてみると，個々の単語・熟語のもつ重要性を改めて感じざるを得ない。

　この本では，TOEIC®テストとTOEIC Bridge®テストの基礎の基礎レベルの単語・熟語を選び出し，**短期間で能率的に基礎の基礎レベルの総合的な単語力が身につくように**次のような工夫をしてみた。

(1) 訳語を厳選し，**訳語の数を最小限**にして，能率的に覚えやすくした。

(2) すべての熟語に例文を付し，**例文とともに覚えられるように工夫した。**

(3) 同意語，反意語に関しては基礎の基礎レベルの語だけではなく他のレベルの語も示し，**単語や熟語の理解を深めることができるようにした。**反意語には対応する意味も示してある。

(4) TOEIC®テスト及びTOEIC Bridge®テストのリスニングの際に主として重要となるのは**第1アクセント**だ

けなので，本書では第2アクセント以下は省略した。

　本書を活用することにより，**短期集中方式**で，効率的にTOEIC®テスト及びTOEIC Bridge®テストに必要な基礎の基礎レベルの語彙力を身につけてくれることを祈る。

　TOEIC Bridge®テストとはTOEIC®テストを開発しているETS (Educational Testing Service) によって，初級レベルの英語学習者の基礎的な英語によるコミュニケーション能力を評価するために開発されたテストです。

　TOEIC®テストのスコアが，450点に達していない学習者には特にお薦めします。

　最後に，本書が出るようご尽力いただいた南雲堂社長南雲一範氏と編集部の方々に，改めて感謝の意を表したい。

　2007年

小池　直己

目　　次

Part 1　基礎レベルの英単語 ················· 7
　　　　Step1〜8

Part 2　初級レベルの英単語 ················59
　　　　Step1〜11

Part 3　基礎・初級レベルの英熟語 ················127
　　　　Step1〜7

索　引 ················166

●この本の使い方─────────────────

名	名詞	代	代名詞
動	動詞	助	助動詞
形	形容詞	副	副詞
前	前置詞	接	接続詞
間	間投詞	冠	冠詞

〔略〕 略語
〈複〉 複数形
〈変〉 動詞の活用変化,形容詞・副詞の比較変化代名詞の格変化
〈同〉 同意語
〈反〉 反意語,および対になる語
　……… 関連して注意しておくとよい語や表現
　＊　　その他の注意事項
　(　) 補足的な説明,および省略できることを示す
　[　] 前の語と言い換えのできることを示す

PART 1

基礎レベルの 英単語

【STEP 1〜8】

Part 1

→ Step 1 ←

1 **a**
 [ə, ei]
 冠 〔母音で始まる語の前では an〕
 1つの

2 **album**
 [ǽlbəm]
 名 アルバム

3 **alphabet**
 [ǽlfəbet]
 名 アルファベット

4 **an**
 [ən, æn]
 冠 〔母音で始まる語の前で〕1つの
 (=a)

5 **apple**
 [ǽpl]
 名 りんご

6 **book**
 [buk]
 名 本

7 **cap**
 [kæp]
 名 (縁なしの)帽子
 ⇒ hat (縁のある)帽子

Check!

8 **chair**
[tʃɛər]

名 いす

9 **desk**
[desk]

名 机

10 **dish**
[diʃ]

名 皿

11 **door**
[dɔːr]

名 戸, ドア

12 **egg**
[eg]

名 卵

13 **English**
[íŋgliʃ]

名 英語
形 イギリスの, イギリス人の, 英語の

14 **fork**
[fɔːrk]

名 (食事用の)フォーク

Part 1

15 **hat**
[hæt]

名 (縁のある)帽子
⇨ cap (縁なしの)帽子

16 **is**
[iz]

動 〔be 動詞の３人称単数現在形〕
　…である，ある，いる
〈変〉is, was, been, being

17 **isn't**
[íznt]

= is not

18 **it**
[it]

代 それは [が]，それを [に]
〈変〉it, its, it, itself
〈複〉they

19 **it's**
[its]

= it is

20 **lamp**
[lǽmp]

名 ランプ，電燈

21 **lemon**
[lémən]

名 レモン

22	**lesson** [lésn]	名 学課, 第…課
23	**no** [nou]	副 いいえ 形 少しも…ない
24	**not** [nɑt]	副 …でない, …しない
25	**notebook** [nóutbuk]	名 ノート
26	**one** [wʌn]	名 1, 1つ 形 1つの
27	**or** [ər, ɔːr]	接 …かまたは〜
28	**orange** [ɔ́ːrindʒ]	名 オレンジ, オレンジ色 形 オレンジの, オレンジ色の
29	**pen** [pen]	名 ペン

Part 1

30 **pencil**
[pénsl]

名 鉛筆

31 **picture**
[píktʃər]

名 絵, 写真,〔複数形で〕映画

32 **pin**
[pin]

名 ピン, 針

33 **table**
[téibl]

名 テーブル
⇒ desk 机

34 **that**
[ðət, ðæt]

代 あれ
形 あの
〈複〉those

35 **this**
[ðis]

代 これ
形 この
〈複〉these

36 **tomato**
[təméitou]

名 トマト
〈複〉tomatoes [təméitouz]

Check!

37	**too** [tuː]	副 …もまた, あまりに…すぎる, 非常に
38	**what** [hwɑt]	代〔疑問詞〕何 形〔疑問詞〕何の
39	**window** [wíndou]	名 窓
40	**yes** [jes]	副 はい, そうだ

→ Step 2 ←

41	**am** [əm, æm]	動〔be 動詞の1人称単数現在形〕…である, ある, いる 〈変〉am, was, been, being
42	**are** [ɑːr]	動〔be 動詞の2人称単数・複数, 3人称複数の現在形〕…である, ある, いる 〈変〉are, were, been, being

Part 1

43 **aren't**
[á:rnt]

= are not

44 **big**
[big]

形 大きい
〈変〉big, bigger, biggest
〈反〉small 小さい, little 小さい

45 **box**
[bɑks]

名 箱
〈複〉boxes [bɑ́ksiz]

46 **boy**
[bɔi]

名 少年
〈反〉girl 少女

47 **brother**
[brʌ́ðər]

名 兄弟
〈反〉sister 姉妹

48 **cat**
[kæt]

名 ねこ

49 **doctor**
[dɑktər]

名 医者

Check!

50 **dog**
[dɔːg]

名 犬

51 **father**
[fáːðər]

名 父
〈反〉mother 母

52 **friend**
[frend]

名 友だち

53 **girl**
[gəːrl]

名 少女, 女の子
〈反〉boy 少年

54 **good**
[gud]

形 よい
〈変〉good, better, best

55 **he**
[hiː]

代 彼は [が]
〈変〉he, his, him, his, himself
〈複〉they
〈反〉she 彼女は

56 **her**
[həːr]

代 彼女の, 彼女を
⇒ she 彼女は

Part 1

57 **his**
[hiz]

代 彼の，彼のもの
⇒ he 彼は

58 **I**
[ai]

代 私は [が]
〈変〉I, my, me, mine, myself

59 **I'm**
[aim]

= I am

60 **lion**
[láiən]

名 ライオン

61 **little**
[lítl]

形 小さい
〈変〉little, less, least
〈同〉small
〈反〉big 大きい

62 **man**
[mæn]

名 人間，男
〈複〉men
〈反〉woman 女

63 **Miss**
[mis]

名〔未婚の女性に対する敬称〕
　…さん

64 monkey
[mʌ́ŋki]

名 サル

65 mother
[mʌ́ðər]

名 母

66 my
[mai]

代 私の
⇨ I 私は

67 name
[neim]

名 名前

68 nurse
[nəːrs]

名 看護婦

69 old
[ould]

形 古い，年とった，昔の，…歳の
〈反〉new 新しい，young 若い

70 pet
[pet]

名 ペット

Part 1

71 **pig**
[pig]

名 豚

72 **pupil**
[pjúːpəl]

名 生徒
⇒ teacher 先生

73 **schoolboy**
[skúːlbɔi]

名 男生徒

74 **schoolgirl**
[skúːlgəːrl]

名 女生徒

75 **she**
[ʃi, ʃiː]

代 彼女は［が］
〈変〉she, her, her, hers, herself
〈複〉they
〈反〉he 彼は

76 **sister**
[sístər]

名 姉妹

77 **teacher**
[tíːtʃər]

名 教師
⇒ pupil 生徒, student 学生

基礎レベルの英単語

78 **who**
[huː]

代〔疑問詞〕だれが
〈変〉who, whose, whom

79 **woman**
[wúmən]

名 女，婦人
〈複〉women[wímin]
〈反〉man 男

80 **you**
[ju, juː]

代 あなた(たち)は[が]，あなた(たち)を
〈変〉you, your, you, yours, yourself
（複数形 yourselves）

81 **young**
[jʌŋ]

形 若い
〈反〉old 年とった

82 **your**
[jɔːr, juər]

代 あなたの，あなたたちの
⇒ you あなたは

→ Step 3 ←

83 **any**
[éni]

形 何か，いくらかの
代 どれか，いくらか

Part 1

84 **bag**
[bæg]
- 名 かばん, 袋

85 **ball**
[bɔːl]
- 名 ボール

86 **baseball**
[béisbɔːl]
- 名 野球

87 **basketball**
[bǽskitbɔːl]
- 名 バスケットボール

88 **bat**
[bæt]
- 名 バット, (動物の)こうもり

89 **batter**
[bǽtər]
- 名 打者
- ⇨ butter [bʌ́tər] バター

90 **camera**
[kǽmərə]
- 名 カメラ

91 **catcher**
[kǽtʃər]
- 名 捕手

基礎レベルの英単語

92 **do**
[də, duː]
- 動 …をする
- 助 〔否定文・疑問文を作る〕
- 〈変〉do (3単現 does), did, done, doing

93 **five**
[faiv]
- 名 5，5つ
- 形 5つの

94 **football**
[fútbɔːl]
- 名 フットボール

95 **glove**
[glʌv]
- 名 グローブ，手袋
- ＊発音注意

96 **hand**
[hænd]
- 名 手
- 動 手渡す
- ⇨ foot 足

97 **have**
[həv, hæv]
- 動 持っている，…がある，食べる，飲む
- 〈変〉have (3単現 has), had, had, having

Part 1

98 **haven't**
[hǽvnt]

= have not

99 **in**
[in]

前 …の中に
副 中へ

100 **its**
[its]

代 それの、その
* it's とまちがえないように。
⇒ it それは、それを

101 **left**
[left]

名 左
形 左の
副 左へ
動 leave の過去・過去分詞
〈反〉right 右, 右の, 正しい

102 **like**
[laik]

動 好む, …したい
前 …のように
形 似ている

103 **lily**
[líli]

名 ゆり
〈複〉lilies

| 104 | **much** [mʌtʃ] | 形〔量などが〕たくさんの
名 多量
副 たくさん、大いに
〈変〉 much, more, most
⇨ many〔数が〕多くの |

| 105 | **new** [nuː] | 形 新しい
〈反〉 old 古い |

| 106 | **piano** [piǽnou] | 名 ピアノ
〈複〉 pianos [piǽnouz] |

| 107 | **pitcher** [pítʃər] | 名 投手 |

| 108 | **play** [plei] | 動 遊ぶ、(運動・遊戯を)する、演奏する、(劇を)演ずる
名 遊び、演劇、競技
〈同〉 drama 劇
⇨ work 働く |

| 109 | **racket** [rǽkit] | 名 ラケット |

Part 1

110 **red**
[red]
- 形 赤い
- 名 赤

111 **right**
[rait]
- 形 右の,正しい
- 名 右,正しいこと
- 〈反〉 left 左, 左の, wrong 間違った

112 **rose**
[rouz]
- 名 バラ,バラ色
- 動 rise の過去形

113 **some**
[sʌm]
- 形 ある,いくらかの

114 **tennis**
[ténis]
- 名 テニス

115 **thank**
[θæŋk]
- 動 感謝する
- 名 〔複数形で〕感謝

116 **then**
[ðen]
- 副 その時,それから,それでは

Check!

117 **these** [ðiːz]
〔this の複数形〕
代 これら
形 これらの

118 **they** [ðei]
代 彼(女)らは [が], それらは [が]
〈変〉 they, their, them, theirs, themselves

119 **those** [ðouz]
〔that の複数形〕
代 あれら
形 あれらの, それらの

120 **three** [θriː]
名 3, 3つ
形 3つの

121 **two** [tuː]
名 2, 2つ
形 2つの

122 **very** [véri]
副 非常に

123 **violin** [vaiəlín]
名 バイオリン

Part 1

→ Step 4 ←

124 **American**
[əmérikən]
名 アメリカ人
形 アメリカの, アメリカ人の

125 **and**
[ənd, ænd]
接 そして, …と

126 **at**
[ət, æt]
前〔位置〕…に,〔時〕…に

127 **black**
[blæk]
形 黒い
名 黒

128 **car**
[kɑːr]
名 自動車

129 **child**
[tʃaild]
名 子供
〈複〉 children [tʃíldrən]

130 **day**
[dei]
名 日, 昼
〈反〉 night 夜

Check!

131	**does** [dəz, dʌz]	動 助 do の3人称単数現在形
132	**doll** [dɑl]	名 人形
133	**Englishman** [íngliʃmən]	名 イギリス人 〈複〉Englishmen
134	**every** [évri]	形 おのおのの，あらゆる，毎…
135	**family** [fǽmili]	名 家族 〈複〉families
136	**farmer** [fá:rmər]	名 農夫
137	**fourteen** [fɔ:rtí:n]	名 14 形 14の

Part 1

138 **gentleman**
[dʒéntlmən]

名 紳士
〈複〉gentlemen
〈反〉lady 婦人

139 **has**
[həz, hæz]

動 have の3人称単数現在形

140 **hasn't**
[hæznt]

= has not

141 **hen**
[hen]

名 めんどり

142 **hers**
[həːrz]

代 彼女のもの
⇒ she 彼女は

143 **horse**
[hɔːrs]

名 馬

144 **know**
[nou]

動 知る，知っている
〈変〉know, knew, known
〈同〉understand

145	**lady** [léidi]	图 婦人 〈反〉gentleman 紳士 ⇨ woman 女
146	**live** [liv]	動 生きる，生きている，住む，暮らす
147	**look** [luk]	動 (…を)見る(at …)，…に見える
148	**mine** [main]	代 私のもの ⇨ I 私は
149	**Mr.** [místər]	图〔男性に対する敬称〕…氏，…さん ⇨ Mrs. …夫人
150	**Mrs.** [mísiz]	图〔既婚婦人に対する敬称〕…夫人 ⇨ Miss〔未婚の女性に対して〕…さん
151	**music** [mjúːzik]	图 音楽

Part 1

152 **our**
[auər]

代 私たちの
⇒ we 私たちは

153 **ours**
[auərz]

代 私たちのもの
⇒ we 私たちは

154 **please**
[pliːz]

動 喜ばせる，満足させる，どうぞ

155 **radio**
[réidiou]

名 ラジオ
〈複〉radios

156 **sing**
[siŋ]

動 歌う，(鳥・虫が)さえずる
〈変〉sing, sang, sung

157 **son**
[sʌn]

名 息子

158 **the**
[(子音の前)ðə,
(母音の前)ði]

冠 〔定冠詞〕その

基礎レベルの英単語

159 **their** [ðɛər]
代 彼らの，それらの
⇨ they 彼らは

160 **theirs** [ðɛərz]
代 彼らのもの
⇨ they 彼らは

161 **toy** [tɔi]
名 おもちゃ

162 **uncle** [ʌ́ŋkl]
名 おじ
〈反〉aunt おば

163 **wash** [wɑʃ]
動 洗う

164 **we** [wi, wiː]
代 私たちは［が］
〈変〉we, our, us, ours, ourselves

165 **whose** [huːz]
代〔疑問詞〕だれの(もの)

166 **yours** [juərz, jɔːrz]
代 あなた(たち)のもの
⇨ you あなた(たち)は

Part 1

→ Step 5 ←

167 **all**
[ɔːl]
- 形 全部の
- 代 すべて
- 副 全く

168 **basket**
[bǽskit]
- 名 かご

169 **bench**
[bentʃ]
- 名 ベンチ，長いす

170 **building**
[bildiŋ]
- 名 建物，ビルディング

171 **colo(u)r**
[kʌ́lər]
- 名 色
- 動 色をつける

172 **come**
[kʌm]
- 動 来る
- 〈変〉 come, came, come

Check!

173	**down** [daun]	副 下へ
174	**flower** [flauər]	名 (実のならない)花
175	**go** [gou]	動 行く 〈変〉go（3単現 goes）, went, gone
176	**here** [hiər]	副 ここに [で, の]
177	**him** [him]	代 彼を [に] ⇒ he 彼は
178	**house** [haus]	名 家
179	**how** [hau]	副 どのようにして, どのくらい, 〔感嘆文で〕何と…
180	**let's** [lets]	= let us （さあ）…しよう

Part 1

181 **many**
[meni]

形 多数の
名 多数
〈変〉many, more, most

182 **me**
[mi, mi:]

代 私を [に]
⇒ I 私は

183 **nineteen**
[naintí:n]

名 19
形 19の

184 **oak**
[ouk]

名 かし(の木)

185 **on**
[ɑn]

前 …の上に, …の上で,
　　(曜日・日)に

186 **open**
[óupən]

動 開く, …を開く
形 開いた, おおいのない
〈反〉shut 閉める, close 閉める

187 **park**
[pɑːrk]

名 公園
動 駐車する

Check!

基礎レベルの英単語

188 **pretty**
[príti]
形 かわいい，きれいな
副 かなり

189 **room**
[ruːm]
名 部屋

190 **see**
[siː]
動 …を見る，…が見える，
　　…に会う，わかる
〈変〉see, saw, seen

191 **seventeen**
[sevntíːn]
名 17
形 17の

192 **shut**
[ʃʌt]
動 閉める，閉まる
〈変〉shut, shut, shut, shutting
〈同〉close
〈反〉open 開く

193 **sit**
[sit]
動 座る，座っている
〈変〉sit, sat, sat, sitting
〈反〉stand 立つ

194 **sixteen**
[sikstíːn]
名 16
形 16の

Part 1

195 **small** [smɔːl]
形 小さい
〈同〉little
〈反〉big 大きい, large 大きい

196 **stand** [stænd]
動 立つ, 立っている
〈変〉stand, stood, stood
〈反〉sit 座る

197 **tall** [tɔːl]
形 高い, 背丈が…の
〈同〉high
〈反〉short 背の低い

198 **them** [ðem]
代 彼らを [に]
⇒ they 彼らは

199 **there** [ðɛər]
副 そこに [で, の]
⇒ here

200 **to** [tə, tuː]
前 …の方へ, …まで, …に対して
* 「to＋動詞の原形」の形で不定詞を作る働きもある。

Check!

基礎レベルの英単語

201 **tree** [triː]
名 木

202 **under** [ʌ́ndər]
前 …の下に [の], …より以下の [に]
副 下へ
〈反〉over …の上方に

203 **us** [əs, ʌs]
代 私たちを [に]
⇒ we 私たちは

204 **vase** [veis]
名 花びん

205 **where** [hwɛər]
副 〔疑問詞〕どこに [で]

206 **whom** [huːm]
代 〔疑問詞〕だれに [を]

207 **yellow** [jélou]
形 黄色い
名 黄色

Part 1

→ Step 6 ←

208 **blackboard** [blǽkbɔːrd]
名 黒板

209 **breakfast** [brékfəst]
名 朝食
⇒ lunch, dinner, supper

210 **bus** [bʌs]
名 バス

211 **but** [bʌt]
接 しかし

212 **can** [kən, kæn]
動 …できる
＊過去形は could。

213 **cannot** [kǽnɑt]
= can not

214 **class** [klæːs]
名 クラス

Check!

215 **classroom**
[klǽsru:m]

图 教室

216 **clock**
[klɑk]

图 時計, 置時計
⇨ watch 腕時計

217 **early**
[ə́:rli]

形 (時刻が)早い
副 早く, 初期に
〈変〉 early, earlier, earliest
＊ fast, quick は速度・動作に用いる。

218 **eight**
[eit]

图 8
形 8つの

219 **eighteen**
[eití:n]

图 18
形 18の

220 **fast**
[fæst]

形 速い
副 速く
〈同〉 quick(ly)
〈反〉 slow 遅い
＊ first [fə:rst]との発音のちがいに注意。

Part 1

221 **fifteen**
[fiftíːn]

名 15
形 15の

222 **get**
[get]

動 得る，…になる
〈変〉get, got, got(((米))ではまた gotten), getting

223 **half**
[hæf]

名 半分，半時間
形 半分の
〈複〉halves

224 **Japanese**
[dʒæpəníːz]

形 日本の，日本人の，日本語の
名 日本人，日本語
〈複〉単複同形

225 **map**
[mæp]

名 掛け地図

226 **minute**
[mínit]

名 (時間の)分
⇒ second 秒, hour 1時間

227 **morning**
[mɔ́ːrniŋ]

名 朝，午前

228 **nine** [nain]
图 9
形 9つの

229 **now** [nau]
图 今
副 もう, さて

230 **o'clock** [əklɔ́k]
图 (時刻)…時

231 **oh** [ou]
間 おお, ああ

232 **past** [pæst]
图 過去
前 …を過ぎて
〈反〉present 現在, future 未来

233 **quarter** [kwɔ́ːrtər]
图 4分の1, 15分

234 **read** [riːd]
動 読む, 読書する
〈変〉read, read[red], read[red]

Part 1

235 **school**
[skuːl]

名 学校, 授業

236 **seven**
[sevn]

名 7
形 7つの

237 **six**
[siks]

名 6
形 6つの

238 **speak**
[spiːk]

動 話す, 演説する
〈変〉 speak, spoke, spoken

239 **spell**
[spel]

動 (語を)つづる
〈変〉(米)はおもに spell, spelled, spelled
(英)はおもに spell, spelt, spelt

240 **ten**
[ten]

名 10
形 10の

241 **textbook**
[tékstbuk]

名 教科書

Check!

基礎レベルの英単語

242 **thirty**
[θə́ːrti]

名 30
形 30の

243 **time**
[taim]

名 時間, …回
⇒ hour 1時間, o'clock …時

244 **twenty**
[twénti]

名 20
形 20の

245 **up**
[ʌp]

副 上方へ
〈反〉down 下方へ

246 **wall**
[wɔːl]

名 壁, へい

247 **well**
[wel]

副 よく, 上手に
形 健康な, (気分が)よい
間 おや, ええと, やれやれ
〈変〉well, better, best

248 **when**
[hwen]

副 〔疑問詞〕いつ
接 …するとき, 〔前にカンマを付けて〕…するとそのとき

Part 1

249 **with**
[wið]
前 …と共に，…でもって，
…を持って，…を連れて

250 **write**
[rait]
動 書く，手紙を書く
〈変〉write, wrote, written, writing

→ Step 7 ←

251 **after**
[ǽftər]
名〔時間〕…のあとで，
…の後ろに
接 …したあとで

252 **afternoon**
[æftərnúːn]
名 午後

253 **bed**
[bed]
名 ベッド

254 **bedroom**
[bédruːm]
名 寝室

255 **church**
[tʃəːrtʃ]
名 教会

Check!

256	**dinner** [dínər]	名 夕食
257	**eat** [iːt]	動 食べる，食べ尽くす(up) 〈変〉 eat, ate, eaten
258	**eleven** [ilévən]	名 11 形 11の
259	**evening** [íːvniŋ]	名 夕方，晩 ⇨ morning 朝
260	**fifth** [fifθ]	名 第5 形 第5の，5番めの
261	**first** [fəːrst]	名 第1，最初 形 第1の，最初の 副 最初に
262	**fourth** [fɔːrθ]	名 第4 形 第4の，4番めの

Part 1

263 **Friday**
[fráidi]
名 金曜日

264 **good-by(e)**
[gudbái]
間 さようなら
名 別れのあいさつ

265 **hour**
[áuər]
名 1時間, 時刻

266 **last**
[læst]
形 最後の
名 最後
副 最後に
〈反〉first 最初の [に]

267 **lunch**
[lʌntʃ]
名 昼食
⇒ breakfast, dinner, supper

268 **Monday**
[mʌ́ndi]
名 月曜日

269 **night**
[nait]
名 夜
〈反〉day 昼間

270	**noon** [nuːn]	名 正午
271	**run** [rʌn]	動 走る 〈変〉run, ran, run, running
272	**Saturday** [sǽtərdi]	名 土曜日
273	**second** [sékənd]	名 第2, 秒 形 第2の, 2番めの
274	**seventh** [sévnθ]	名 第7 形 第7の, 7番めの
275	**sixth** [siksθ]	名 第6 形 第6の, 6番めの
276	**sixty** [siksti]	名 60 形 60の
277	**sometimes** [sʌ́mtaimz]	副 時々

Part 1

278 **study**
[stʌ́di]
图 勉強, 研究
動 勉強する, 研究する
〈同〉learn(ing)

279 **Sunday**
[sʌ́ndi]
图 日曜日

280 **supper**
[sʌ́pər]
图 夕食
⇨ breakfast, lunch, dinner

281 **third**
[θəːrd]
图 第3
形 第3の, 3番めの

282 **Thursday**
[θə́ːrzdi]
图 木曜日

283 **Tuesday**
[túːzdi]
图 火曜日

284 **walk**
[wɔːk]
動 歩く, 散歩する
图 歩行, 散歩

285 **Wednesday** 名 水曜日
[wénzdi]

286 **week** 名 週，1週間
[wi:k]

→ Step 8 ←

287 **animal** 名 動物
[ǽnəməl]

288 **April** 名 4月
[éiprəl]

289 **August** 名 8月
[ɔ́:gəst]

290 **autumn** 名 秋
[ɔ́:təm] ⇒ fall（主として（米））

291 **bird** 名 鳥
[bə:rd]

Part 1

292 **cage**
[keidʒ]

名 鳥かご, おり

293 **Christmas**
[krísməs]

名 クリスマス

294 **city**
[siti]

名 都市, 市

295 **cold**
[kould]

形 冷たい, 寒い
名 寒さ, 風邪
〈反〉hot 熱い, 暑い
⇒ cool 涼しい

296 **December**
[disémbər]

名 12月

297 **eighth**
[eitθ]

名 第8
形 第8の, 8番めの

298 **eighty**
[éiti]

名 80
形 80の

基礎レベルの英単語

299 **eleventh**
[ilévənθ]

名 第11
形 第11の，11番めの

300 **February**
[fébrueri]

名 2月

301 **fifty**
[fífti]

名 50
形 50の

302 **fine**
[fain]

形 すてきな，立派な，美しい
副 立派に

303 **foot**
[fut]

名 足，1フィート，ふもと
〈複〉feet
〈反〉head 頭，top 頂上
⇒ leg 脚

304 **four**
[fɔːr]

名 4
形 4つの

305 **hot**
[hɑt]

形 熱い，暑い
〈変〉hot, hotter, hottest
〈反〉cold 冷たい，寒い
⇒ warm 暖かい

Part 1

306 **hundred**
[hÁndred]

名 100
形 100の

307 **inch**
[intʃ]

名 インチ

308 **January**
[dʒǽnjueri]

名 1月

309 **July**
[dʒuːlái]

名 7月

310 **June**
[dʒuːn]

名 6月

311 **large**
[laːrdʒ]

形 大きい
〈同〉big
〈反〉small 小さい

312 **London**
[lÁndən]

名 ロンドン

313 **long**
[lɔːŋ]

形 長い
副 長く, 遠く
名 長い間
〈反〉short 短い

314 **May**
[mei]

名 5月

315 **March**
[mɑːrtʃ]

名 3月

316 **month**
[mʌnθ]

名 (暦の)月

317 **New York**
[nuː jɔ́ːrk]

名 ニューヨーク

318 **ninety**
[náinti]

名 90
形 90の

319 **ninth**
[nainθ]

名 第9
形 第9の, 9番めの

Part 1

320 **November** 名 11月
[nouvémbər]

321 **October** 名 10月
[aktóubər]

322 **of** 前 …の, …の中で
[əv, av]

323 **pool** 名 プール, 水たまり
[pu:l]

324 **robin** 名 こま鳥
[rábin]

325 **Santa Claus** 名 サンタクロース
[sǽntə klɔ:z]

326 **season** 名 季節
[sí:zn]

327 **September** 名 9月
[septémbər]

328	**seventy** [sévnti]	名 70 形 70の
329	**short** [ʃɔːrt]	形 短い,背の低い 〈反〉long 長い, tall 背の高い
330	**skate** [skeit]	動 スケートをする 名 スケート靴
331	**ski** [skiː]	動 スキーをする 名 スキー(の板) 〈複〉単複同形または skis
332	**snow** [snou]	名 雪 動 雪が降る
333	**spring** [spriŋ]	名 春
334	**store** [stɔːr]	名 (主に米)店 〈同〉(英) shop

Part 1

335 **summer** [sʌ́mər]
名 夏

336 **sun** [sʌn]
名 太陽, 日光, 日なた

337 **swim** [swim]
動 泳ぐ
〈変〉swim, swam, swum, swimming

338 **tenth** [tenθ]
名 第10
形 第10の, 10番めの

339 **than** [ðən, ðæn]
接 …よりも

340 **thirteen** [θəːrtíːn]
名 13
形 13の

341 **tulip** [túːlip]
名 チューリップ

342 **twelfth** [twelfθ]
名 第12
形 第12の, 12番めの

Check!

343 twelve
[twelv]

名 12
形 12の

344 twentieth
[twéntiiθ]

名 第20
形 第20の，20番めの

345 warm
[wɔːrm]

形 暖かい
動 暖める，暖まる
〈反〉cool 涼しい
⇨ worm [wəːrm]（発音注意）

346 which
[hwitʃ]

代 〔疑問詞〕どちら
形 〔疑問詞〕どちらの，どの

347 white
[hwait]

形 白い
名 白，白人
〈反〉black 黒い，黒

348 winter
[wíntər]

名 冬

349 year
[jiər]

名 年，…歳

Part 1

350 **zoo**
[zuː]

名 動物園

PART 2

初級レベルの 英単語

【STEP 1〜11】

Part 2

→ Step 1 ←

351 **about**
[əbáut]

前 …に関して，約…ぐらい

352 **again**
[əgéin]

副 再び

353 **before**
[bifɔ́ːr]

前 …の前に
副 以前に，前方に
接 …する前に
〈反〉after …の後に

354 **begin**
[bigín]

動 始まる，始める
〈変〉begin, began, begun, beginning
〈同〉start
〈反〉finish 終わる，終える

355 **bell**
[bel]

名 ベル

356 **bicycle** [báisikl] — 名 自転車

357 **classmate** [klǽsmeit] — 名 級友

358 **club** [klʌb] — 名 クラブ

359 **collect** [kəlékt] — 動 集める，集まる
〈同〉gather

360 **college** [kɑ́lidʒ] — 名 （単科）大学
⇒ university 総合大学

361 **corner** [kɔ́ːrnər] — 名 角，すみ

362 **Dr.** [dɑ́ktər] — 〔略〕…博士（Doctor の略）

363 **everyone** [évriwʌn] — 名 だれでも，みんな
〈同〉everybody

Part 2

364	**game** [geim]	名 ゲーム，競技
365	**ground** [graund]	名 地面，土地，運動場 〈同〉land, playground
366	**hear** [hiər]	動 聞く，聞こえる 〈変〉hear, heard, heard ⇨ listen（聞こうとして）耳を傾ける
367	**high** [hai]	形 高い 副 高く 〈反〉low 低い
368	**hobby** [hábi]	名 趣味
369	**hope** [houp]	名 希望 動 望む
370	**into** [íntuː]	前 …の中へ

371	**junior** [dʒúːnjər]	形 年下の，後輩の 名 年少者，後輩 〈反〉senior 年上の
372	**learn** [ləːrn]	動 学ぶ 〈変〉learn, learnt, learnt; または learn, learned, learned 〈反〉teach 教える
373	**library** [láibreri]	名 図書館
374	**love** [lʌv]	名 愛 動 愛する
375	**need** [niːd]	動 …を必要とする 助 〔疑問文・否定文で〕…する必要がある 名 必要
376	**next** [nekst]	形 次の 副 次に

Part 2

377 **O.K.**
[óukéi]
形 よろしい
副 うまく

378 **picnic**
[píknik]
名 ピクニック

379 **playground**
[pléigraund]
名 運動場
〈同〉ground

380 **review**
[rivjúː]
名 復習
動 復習する

381 **say**
[sei]
動 言う
〈変〉say(3単元 says), said, said

382 **shine**
[ʃain]
動 輝く，光る，照る
〈変〉shine, shone, shone

383 **slow**
[slou]
形 (動作・速度が)遅い
副 ゆっくり
〈反〉quick すばやい，fast 速い
⇒ late (時間が)遅い

384	**song** [sɔːŋ]	名 歌
385	**sport** [spɔːrt]	名 スポーツ
386	**stamp** [stæmp]	名 切手, 判, スタンプ 動 切手をはる, 判を押す
387	**student** [stúːdənt]	名 学生, 生徒 〈同〉pupil 生徒
388	**talk** [tɔːk]	動 話す 名 話
389	**teach** [tiːtʃ]	動 教える 〈変〉teach, taught, taught 〈反〉learn 学ぶ
390	**today** [tədéi]	名 きょう, 現代 副 きょう(は), 現代では

Part 2

391 **word**
[wəːrd]

图 語, 単語

→ Step 2 ←

392 **along**
[əlɔ́ŋ]

前 …に沿って
副 沿って, (…を)連れて
〈反〉across …を横切って

393 **around**
[əráund]

前 …のまわりに, …のあたりに
副 …のまわりを, …のあたりを
〈同〉round

394 **aunt**
[ænt]

图 おば
〈反〉uncle おじ

395 **back**
[bæk]

图 後ろ, 背中
形 背後の
副 後ろへ
〈反〉front 前, forth 前へ

396 **beside**
[bisáid]

前 …のそばに

初級レベルの英単語

397 **blossom**
[blásəm]

名 (果樹の)花
⇒ flower 実のならない花

398 **buy**
[bai]

動 買う
〈変〉buy, bought, bought
〈反〉sell 売る

399 **cent**
[sent]

名 1セント(=1/100ドル)

400 **cherry**
[tʃéri]

名 桜, さくらんぼう

401 **course**
[kɔːrs]

名 進路, 課程

402 **dollar**
[dálər]

名 ドル

403 **drive**
[draiv]

動 (車を)運転する
名 ドライブ
〈変〉drive, drove, driven

Part 2

404 **east**
[iːst]

- 名 東, (the E-)東洋
- 形 東の
- 副 東に
- 〈反〉west 西

405 **garden**
[gáːrdn]

- 名 庭

406 **grass**
[græs]

- 名 草, 牧草
- ⇒ glass[glæs]（発音注意）

407 **green**
[griːn]

- 名 緑
- 形 緑の

408 **hill**
[hil]

- 名 丘

409 **Japan**
[dʒəpǽn]

- 名 日本

410 **keep**
[kiːp]

- 動 保つ, …し続ける
- 〈変〉keep, kept, kept

Check!

411	**lake** [leik]	名 湖
412	**low** [lou]	形 低い，安い 副 低く 〈反〉high 高い
413	**merchant** [mə́ːrtʃənt]	名 商人
414	**money** [mʌ́ni]	名 金
415	**mountain** [máuntin]	名 山
416	**nice** [nais]	形 よい 〈同〉fine
417	**only** [óunli]	形 ただ一つの 副 ただ，単に

Part 2

418 **out**
[aut]

副 外へ

419 **over**
[óuvər]

前 (離れて)…の上に[の]
副 上に
形 終わって
⇒ on (接してその)上に

420 **perhaps**
[pərhǽps]

副 たぶん

421 **plenty**
[plénti]

名 (数・量の)たくさん

422 **rock**
[rɑk]

名 岩

423 **sell**
[sel]

動 売る
〈変〉sell, sold, sold
〈反〉buy 買う

424 **shop**
[ʃɑp]

名 (英) 店
動 買物をする
〈同〉(米) store

425	**slowly** [slóuli]	副 ゆっくりと 〈反〉quickly, fast 速く
426	**soft** [sɔːft]	形 柔らかい 〈同〉gentle 〈反〉hard 堅い
427	**street** [striːt]	名 通り
428	**subway** [sʌ́bwei]	名 (英) 地下道, (米) 地下鉄
429	**thing** [θiŋ]	名 物, 事 〈同〉matter
430	**town** [taun]	名 町 〈反〉village 村
431	**violet** [váiəlit]	名 すみれ, すみれ色 形 すみれ色の

Part 2

432 **wonderful**
[wʌ́ndərfəl]

形 すばらしい

→ Step 3 ←

433 **absent**
[ǽbsənt]

形 欠席して,不在で
〈反〉present 出席して

434 **also**
[ɔ́:lsou]

副 また
〈同〉too

435 **always**
[ɔ́:lwiz, -weiz]

副 常に,いつでも

436 **because**
[bikɔ́:z]

接 なぜならば…なので

437 **busy**
[bízi]

形 忙しい
〈反〉free 暇な

438 **cock**
[kɑk]

名 おんどり
〈反〉hen めんどり

439	**cow** [kau]	名 雌牛 〈反〉ox 雄牛
440	**during** [dúriŋ]	前 …の間に
441	**elevator** [éləveitər]	名 (米) エレベーター 〈同〉(英) lift
442	**everybody** [évribɑdi]	名〔常に単数扱い〕 だれでも，みんな
443	**exercise** [éksərsaiz]	名 練習，運動 〈同〉practice
444	**farm** [fɑːrm]	名 農場，農園
445	**floor** [flɔːr]	名 床，…階
446	**for** [fɔːr]	前 …の間，…のために 接 というのは

Part 2

447 **from**
[frəm, frɑm]

前 …から

448 **grandfather**
[grǽndfɑːðər]

名 祖父
〈反〉grandmother 祖母

449 **grandmother**
[grǽndmʌðər]

名 祖母
〈反〉grandfather 祖父

450 **had**
[həd, hæd]

動 have(has)の過去・過去分詞

451 **hadn't**
[hǽdnt]

= had not

452 **late**
[leit]

形 遅れた,遅い
副 遅れて,遅く
〈変〉〔時間〕late, later, latest
　　　〔順序〕late, later, last
〈反〉early 早い,早く

453 **lot**
[lɑt]

名 たくさん
〈同〉plenty

454	**make** [meik]	動 作る，…になる 〈変〉make, made, made
455	**near** [niər]	形 近い 前 …の近くに 副 接近して 〈反〉far 遠い
456	**nothing** [nʌ́θiŋ]	名 無，ゼロ
457	**office** [ɔ́:fis]	名 事務所，役所
458	**outside** [áutsaid]	名 外側 形 外側の 副 外側に 前 …の外側に 〈反〉inside 内側の
459	**people** [pí:pl]	名 人々，国民 〈同〉nation

Part 2

460 **post** [poust]
- 名 郵便
- 動 投函する
- 〈同〉(米) mail

461 **sorry** [sɔ́ri]
- 形 残念な, すまない

462 **strong** [strɔŋ]
- 形 強い
- 〈反〉weak 弱い

463 **use**
① [juːz]
② [juːs]
- ① 動 使う, 利用する
- ② 名 使用, 利用

464 **useful** [júːsfəl]
- 形 有用な, 役に立つ

465 **was** [wəz, wɔz]
- 動 am, is の過去形

466 **wasn't** [wʌ́znt]
- = was not

467 **were** [wəːr]	動 are の過去形
468 **weren't** [wəːrnt]	= were not
469 **why** [hwai]	副 〔疑問詞〕なぜ 間 おや, まあ
470 **work** [wəːrk]	動 働く, 勉強する 名 働き, 仕事, （文学・美術の）作品
471 **yesterday** [jéstərdi]	名 昨日 副 きのうは ⇒ tomorrow 明日, today 今日

→ Step 4 ←

472 **another** [ənʌ́ðər]	形 別の 名 別の物 ⇒ other ほかの

Part 2

473	**answer** [ǽnsər]	名 答え，返事 動 …に答える 〈反〉ask たずねる，question 質問
474	**ask** [æsk]	動 質問する，頼む 〈反〉answer, reply 答える
475	**build** [bild]	動 建築する，造る 〈変〉build, built, built 〈同〉make
476	**cry** [krai]	動 叫ぶ，(声をあげて)泣く 名 叫び，泣き声 〈同〉shout ⇨ weep すすり泣く
477	**daughter** [dɔ́:tər]	名 娘 〈反〉son 息子
478	**did** [did]	動 助 do の過去形
479	**ear** [iər]	名 耳

初級レベルの英単語

480 **face**
[feis]

名 顔

481 **famous**
[féiməs]

形 有名な
〈同〉well-known

482 **few**
[fjuː]

形 〔a をつけて〕少数の，いくつかの
〔a をつけないで〕ほとんど…ない
* (a) few は数えられる名詞の複数形とともに用いる
⇒ little ほんの少しの

483 **great**
[greit]

形 偉大な，大きな
〈同〉big

484 **help**
[help]

動 助ける，手伝う
名 助け

485 **king**
[kiŋ]

名 王
〈反〉queen 女王

Part 2

486 **jump** [dʒʌmp]
動 跳び上がる(up)
名 跳躍

487 **listen** [lísn]
動 (耳を傾けて)聞く
⇒ hear 聞こえる

488 **more** [mɔːr]
形 〔many, much の比較級〕(数・量などが)多くの
副 〔much の比較級〕もっと
名 さらに多数〔量〕

489 **musician** [mjuzíʃən]
名 音楽家

490 **place** [pleis]
名 場所
動 置く
〈同〉put, set

491 **prince** [prins]
名 王子
〈反〉princess 王女

492 **princess** [prínisis]
名 王女
〈反〉prince 王子

Check!

初級レベルの英単語

493 **put**
[put]
動 置く，入れる，押す，(ある状態に)する
〈変〉put, put, put, putting
〈同〉place, push, set

494 **queen**
[kwiːn]
名 女王
〈反〉king 王

495 **question**
[kwéstʃən]
名 質問，問題，疑問
〈同〉problem
〈反〉answer 答え

496 **rain**
[rein]
名 雨
動 雨が降る

497 **ship**
[ʃip]
名 船

498 **sky**
[skai]
名 空
〈同〉heaven

499 **smile**
[smail]
名 微笑
動 ほほえむ
⇒ laugh (声を出して)笑う

Part 2

500 **star**
[stɑːr]

名 星

501 **stay**
[stei]

動 (…に)滞在する(at [in]…)
名 滞在

502 **stop**
[stɑp]

動 止まる, やめる
名 停止, 停留所
〈変〉 stop, stopped, stopped, stopping
⇒ stay とどまる, station 駅

503 **story**
[stɔ́ːri]

名 物語, 話
〈同〉 tale

504 **tell**
[tel]

動 話す, 告げる
〈変〉 tell, told, told

505 **thousand**
[θáuzənd]

名 千
形 千の

506 **together**
[təgéðər]

副 いっしょに

507	**tonight** [tənáit]	名 今夜 副 今夜は
508	**try** [trai]	動 試みる 名 試み
509	**usually** [júːʒuəli]	副 ふつう，通常
510	**world** [wəːrld]	名 世界

→ Step 5 ←

511	**able** [éibl]	形 有能な，…できる 〈反〉unable …することができない ⇒ be able to... …できる
512	**ago** [əɡóu]	副 (今より)…前に ⇒ before
513	**airport** [ɛ́ərpɔːrt]	名 空港

Part 2

514 **America**
[əmérikə]

名 アメリカ

515 **as**
[əz, æz]

接 …のように, …のときに, …なので, …するにつれて
代 〔関係代名詞〕〔such~as...; the same~as...で〕…のような~
前 …として
副 同じくらい

516 **be**
[bi, biː]

動 …である, ある, いる, …になる
〈変〉am(are, is), was(were), been, being

517 **beautiful**
[bjúːtəfəl]

形 美しい
〈反〉ugly 醜い

518 **blue**
[bluː]

形 青い
名 青

Check!

519 **dear** [diər]
- 形 親愛なる，かわいい
- 間 おや，まあ
- * deer(シカ)と発音は同じ

520 **dictionary** [díkʃənəri]
- 名 辞書

521 **England** [íŋglənd]
- 名 イギリス，イングランド

522 **everything** [évriθiŋ]
- 名 〔単数扱い〕何もかも，みんな

523 **expensive** [ikspénsiv]
- 形 高価な，費用のかかる
- 〈反〉cheap 安い

524 **France** [fræns]
- 名 フランス

525 **French** [frentʃ]
- 名 フランス人，フランス語
- 形 フランスの，フランス人の，フランス語の

Part 2

526 **happy**
[hǽpi]

形 幸せな，楽しい

527 **hello**
[helóu]

間 やあ，おい，こんにちは，もしもし

528 **home**
[houm]

名 家庭，故郷，母国
形 家庭の
副 家へ，故郷へ，母国へ

529 **interesting**
[íntəristiŋ]

形 興味ある，おもしろい

530 **kind**
[kaind]

形 親切な
〈同〉gentle
〈反〉unkind 不親切な
名 種類

531 **letter**
[létər]

名 手紙，文字

初級レベルの英単語

532 **light**
[lait]
- 名 光, 明かり
- 形 明るい, 軽い, (色が)薄い
- 動 照らす
- 〈同〉lamp
- 〈反〉dark 暗い

533 **living room**
[lívŋ ru:m]
- 名 居間

534 **most**
[moust]
- 形 〔many, much の最上級〕〔the〜〕最も多くの, 〔無冠詞で〕ほとんどの
- 副 〔much の最上級〕最も(多く), 〔形容詞・副詞の最上級をつくって〕最も…
- 名 〔the〜〕最大量〔数〕, 〔無冠詞で〕大部分

535 **newspaper**
[nú:zpeipər]
- 名 新聞

536 **north**
[nɔ:rθ]
- 名 北
- 形 北の
- 副 北へ
- 〈反〉south 南

Part 2

537 **number** [nʌ́mbər]
图 数, 数字, 番号

538 **other** [ʌ́ðər]
形 他の
图 〔複数形で〕他のもの, 他人

539 **parent** [pɛ́ərənt]
图 親, 〔複数形で〕両親
⇒ child 子供

540 **Paris** [pǽris]
图 パリ

541 **poor** [puər]
形 貧しい, 哀れな
〈反〉rich 豊かな

542 **rich** [ritʃ]
形 金持ちの, 豊かな
〈反〉poor 貧しい

543 **road** [roud]
图 道路
〈同〉way

544 **roof** [ru:f]
图 屋根
〈複〉roofs[ru:fs]

Check!

545 **sea** [siː]
- 名 海
- ⇒ land 陸地, sky 空

546 **such** [sʌtʃ]
- 形 そのような, とても
- 名 そのような物〔人〕

547 **telephone** [téləfoun]
- 名 電話
- 動 電話をかける
- 〈同〉 phone

548 **television** [téləviʒən]
- 名 テレビジョン, 〔略〕TV

549 **Washington** [wáʃiŋtən]
- 名 ワシントン(米国首府, 米国初代大統領)

550 **watch** [wɑtʃ]
- 名 (懐中・腕)時計
- 動 (テレビなどを)見る, 観察する
- ⇒ clock (置・柱)時計

551 **way** [wei]
- 名 道, 方法, (…の)点

552 **west**
[west]

- 名 西, (the W-) 西洋
- 形 西の
- 副 西へ
- 〈反〉east 東, 東の

→ Step 6 ←

553 **above**
[əbʌ́v]

- 前 (離れて)…の上に [で]
- 副 上の方に [で]
- 〈反〉below …の下に [で]

554 **anything**
[éniθiŋ]

- 代 〔肯定文で〕何でも, 〔疑問文・条件文で〕何か

555 **brown**
[braun]

- 名 茶色
- 形 茶色の

556 **butter**
[bʌ́tər]

- 名 バター

557 **cake**
[keik]

- 名 ケーキ

558 **candy**
[kǽndi]
名 (米) キャンディ
〈同〉(英) sweets

559 **chicken**
[tʃíkin]
名 鶏肉, ひな

560 **coffee**
[kɔ́ːfi]
名 コーヒー

561 **corn**
[kɔːrn]
名 とうもろこし, 〔集合的に〕穀物
〈同〉wheat

562 **country**
[kʌ́ntri]
名 国, 〔the~〕いなか
〈同〉nation

563 **cup**
[kʌp]
名 茶わん

564 **dining room**
[dáiniŋ ruːm]
名 (家庭の)食堂

Part 2

565 **drink**
[driŋk]

- 動 飲む, 酒を飲む
- 名 飲み物, 酒
- 〈変〉drink, drank, drunk(en)

566 **engineer**
[endʒəníər]

- 名 技師

567 **enjoy**
[indʒɔ́i]

- 動 楽しむ

568 **factory**
[fǽktəri]

- 名 工場

569 **fond**
[fɑnd]

- 形 (…が)好きで(of...)

570 **front**
[frʌnt]

- 名 前, 正面
- 形 前方の, 表の
- 〈反〉back 後ろ, 後ろの

571 **gate**
[geit]

- 名 門

Check!

初級レベルの英単語

572 **glass**
[glæs]
名 グラス, ガラス, 〔複数形で〕眼鏡

573 **hair**
[hɛər]
名 髪の毛

574 **hungry**
[hʌ́ŋgri]
形 空腹の

575 **ice**
[ais]
名 氷

576 **kitchen**
[kítʃin]
名 台所

577 **knife**
[naif]
名 ナイフ
〈複〉knives [naivz]

578 **meat**
[miːt]
名 (食用の)肉

579 **member**
[mémbər]
名 会員, 一員

Part 2

580 **mile**
[mail]
名 マイル(1mile=1609.3m)

581 **milk**
[milk]
名 ミルク

582 **none**
[nʌn]
代 何も…ない,だれも…ない

583 **own**
[oun]
形 自分自身の
名 自分のもの
動 所有する

584 **ox**
[ɑks]
名 雄牛
〈複〉oxen [ɑksən]
〈反〉cow 雌牛

585 **page**
[peidʒ]
名 ページ

586 **piece**
[piːs]
名 1片,一切れ,一かけら
＊ peace (平和)と発音は同じ。

初級レベルの英単語

587 **present**
① [prézənt]
② [prizént]

① 名 贈り物，プレゼント，現在
　 形 現在の，出席して
② 動 贈る
〈同〉gift
⇒ past 過去, future 未来, absent 欠席して

588 **sugar**
[ʃúgər]

名 砂糖
⇒ salt 塩

589 **tea**
[tiː]

名 お茶

590 **team**
[tiːm]

名 チーム

591 **top**
[tɑp]

名 頂上，トップ
形 頂上の，最高の
〈反〉bottom 底

592 **want**
[wɔːnt]

動 …を欲する，〔to- 不定詞をともなって〕…したい
〈同〉wish

593 **water** [wɔ́:tər] 名 水

→ Step 7 ←

594 **arm** [ɑ:rm] 名 腕,〔複数形で〕武器

595 **between** [bitwí:n] 前 (2つのもの)の間に[で]
⇒ among (3つ以上のもの)の間に

596 **birthday** [bə́:rθdei] 名 誕生日

597 **blow** [blou] 動 吹く, 鳴らす, 鳴る
名 吹くこと
〈変〉blow, blew, blown

598 **bread** [bred] 名 パン

599 **break** [breik] 動 壊す, 壊れる
〈変〉break, broke, broken

600	**by** [bai]	前 …によって，…のそばに 副 そばで
601	**calendar** [kǽləndər]	名 カレンダー
602	**candle** [kǽndl]	名 ろうそく
603	**card** [kɑːrd]	名 カード
604	**chalk** [tʃɔːk]	名 チョーク
605	**close** ① [klouz] ② [klous]	①動 閉じる，終える，終わる 　名 終わり ②形 接近した，親密な 　副 すぐそばに，ぴったりと 〈同〉shut, end, near 〈反〉open 開く

Part 2

606 **cook**
[kuk]

動 料理する
名 料理人，コック

607 **cover**
[kʌ́vər]

動 おおう
名 おおい，表紙

608 **diary**
[dáiəri]

名 日記

609 **envelope**
[énvəloup]

名 封筒，包み

610 **far**
[fɑːr]

副 遠くに，はるかに
〈変〉far, farther, farthest; または
　　far, further, furthest

611 **fruit**
[fruːt]

名 果物

612 **fun**
[fʌn]

名 おもしろいこと，冗談

613	**holiday** [hάlədei]	名 休日，祭日 ⇨ vacation 休暇
614	**ink** [iŋk]	名 インク
615	**invitation** [invitéiʃən]	名 招待
616	**invite** [inváit]	動 (…に)招待する(to …)，(…に)誘う(to …)
617	**joy** [dʒɔi]	名 喜び，楽しみ 〈同〉pleasure
618	**noise** [nɔiz]	名 物音
619	**off** [ɔːf]	副 離れて 前 …から離れた

Part 2

620 **paper**
[péipər]
图 紙, 新聞
形 紙の
〈同〉newspaper

621 **party**
[pá:rti]
图 仲間, 一行

622 **potato**
[pətéitou]
图 じゃがいも
〈複〉potatoes [pətéitouz]

623 **ribbon**
[ríbən]
图 リボン

624 **spoon**
[spu:n]
图 スプーン

625 **suddenly**
[sʌ́dnli]
副 突然

626 **surprise**
[sərpráiz]
動 驚かせる
图 驚き
〈同〉astonish

Check!

初級レベルの英単語

627 **typewriter**
[táipraitə*r*]

名 タイプライター

628 **wake**
[weik]

動 目を覚ます，
　…の目を覚まさせる
〈変〉wake, woke, woke(n); または
　　wake, waked[-t], waked

629 **welcome**
[wélkəm]

動 歓迎する
名 歓迎
形 歓迎される，うれしい
間 ようこそ

630 **wind**
[wind]

名 風

→ **Step 8** ←

631 **airplane**
[έə*r*plein]

名 (米) 飛行機
〈同〉plane

632 **already**
[ɔːlrédi]

副 すでに
〈反〉yet まだ

Part 2

633 **clean**
[kli:n]
- 形 清潔な
- 動 きれいにする
- 副 きれいに, すっかり

634 **cloud**
[klaud]
- 名 曇り, 雲
- 動 曇る

635 **difficult**
[dífikəlt]
- 形 難しい
- 〈同〉 hard
- 〈反〉 easy 易しい

636 **easy**
[í:zi]
- 形 易しい, 気楽な
- 〈同〉 simple
- 〈反〉 difficult 難しい

637 **even**
[í:vən]
- 副 …でさえ

638 **ever**
[évər]
- 副 かつて, 今までに

639 **finger**
[fíŋɡər]
- 名 (手の)指
- ⇒ toe 足の指

640 finish
[fíniʃ]

動 終わる，終える
〈同〉end
〈反〉begin 始まる，始める

641 fly
[flai]

動 飛ぶ，飛ばす
名 飛行，はえ
〈変〉fly, flew, flown

642 German
[dʒə́ːrmən]

形 ドイツの，ドイツ人の，ドイツ語の
名 ドイツ人，ドイツ語

643 Germany
[dʒə́ːrməni]

名 ドイツ

644 gray
[grei]

名 灰色
形 灰色の

645 hard
[hɑːrd]

形 固い，困難な，熱心な
副 熱心に，ひどく
〈反〉soft 柔らかい

Part 2

646 **head**
[hed]

名 頭, 先頭
形 首位の, 先頭の
〈同〉brain, top
〈反〉foot 足, tail 後部

647 **homework**
[hóumwəːrk]

名 宿題

648 **just**
[dʒʌst]

副 ちょうど,
〔完了形に用いて〕たった今
形 正しい

649 **leave**
[liːv]

動 去る,
…を〜のままにしておく
〈変〉leave, left, left
* 3単現の leaves は leaf の複数形と同じ。

650 **meet**
[miːt]

動 出会う, 会合する
〈変〉meet, met, met

651 **mouth**
[mauθ]

名 口
〈複〉mouths [mauðz]

Check!

652	**nose** [nouz]	名 鼻
653	**often** [ɔ́:fən]	副 たびたび 〈反〉seldom めったに
654	**once** [wʌns]	副 1度，かつて
655	**reach** [ri:tʃ]	動 …に着く，…に届く，手を伸ばす 名 手の届く範囲
656	**same** [seim]	形 同じ 名 同じもの
657	**seaside** [sí:said]	名 海岸 〈同〉seashore
658	**shirt** [ʃəːrt]	名 シャツ

Part 2

659	**start** [stɑːrt]	動 出発する，始まる，始める 名 出発，開始 〈同〉begin 〈反〉arrive 到着する
660	**station** [stéiʃən]	名 駅
661	**still** [stil]	形 静止した，静かな 副 なお…，まだ… 〈同〉quiet 静かな
662	**till** [til]	前〔時間〕…まで 接 …するまで(ずっと)
663	**tired** [táiərd]	形 疲れた，(…に)あきた(of …)
664	**tooth** [tuːθ]	名 歯 〈複〉teeth [tiːθ]
665	**touch** [tʌtʃ]	動 触れる 名 接触

Check!

初級レベルの英単語

666 **wait**
[weit]
動 (…を)待つ(for …)，(…の)給仕をする(on …)
〈同〉serve

667 **yet**
[jet]
副 〔否定語を伴い〕まだ(…ない)，〔肯定形の疑問文で〕もう
〈反〉already すでに

→ Step 9 ←

668 **alone**
[əlóun]
副 形 ただひとりで，単に…だけ

669 **away**
[əwéi]
副 離れて，去って

670 **bad**
[bæd]
形 悪い，ひどい
〈変〉bad, worse, worst
〈反〉good よい

671 **bake**
[beik]
動 (パン・菓子などを)焼く

Part 2

672 **best**
[best]
- 形 〔good の最上級〕最もよい
- 副 〔well の最上級〕最もよく
- 名 最上

673 **better**
[bétər]
- 形 〔good の比較級〕よりよい
- 副 〔well の比較級〕よりよく
- 〈反〉worse より悪い

674 **catch**
[kætʃ]
- 動 捕える，（乗物に）間に合う
- 〈変〉catch, caught, caught

675 **cheap**
[tʃiːp]
- 形 （値段の）安い
- 〈反〉expensive 高価な

676 **coat**
[kout]
- 名 上着，コート
- 〈同〉overcoat

677 **could**
[kəd, kud]
- 助 〔can の過去形〕…することができた

678 **couldn't**
[kudnt]
= could not

初級レベルの英単語

679 **crowd**
[kraud]

名 群れ
動 群がる

680 **different**
[dífərənt]

形 異なった，
  (…と)違った(from ...)，
  さまざまの
〈反〉same 同じ

681 **each**
[iːtʃ]

形 おのおのの，それぞれの
代 おのおの，各自

682 **earth**
[əːrθ]

名 地球

683 **find**
[faind]

動 見いだす，(…と)わかる
〈変〉find, found, found
〈同〉discover, learn

684 **food**
[fuːd]

名 食物

Part 2

685 **full**
[ful]

形 (…で)いっぱいの(of …),
十分な
名 十分,全部

686 **ill**
[il]

形 病気の,悪い
〈変〉 ill, worse, worst
〈同〉 sick, bad
〈反〉 well 健康で, good よい

687 **Indian**
[índiən]

名 インド人,インディアン
形 インドの,インド人の,
インディアンの

688 **leg**
[leg]

名 (くるぶしから太ももまでの)脚
⇒ foot (くるぶしから下の)足

689 **market**
[má:rkit]

名 市場

690 **may**
[mei]

助 …かもしれない,
…してもよい
* 過去形は might。

691	**moon** [muːn]	名 (天体の)月
692	**must** [mʌst]	助 …しなければならない, 〔否定形で〕…してはいけない, …に違いない
693	**neck** [nek]	名 首, えり
694	**never** [névər]	副 決して…ない, いまだかつて…ない
695	**overcoat** [óuvərkout]	名 オーバーコート 〈同〉coat
696	**rabbit** [rǽbit]	名 飼いうさぎ ⇒ hare 野うさぎ
697	**science** [sáiəns]	名 科学 ⇒ chemistry 化学

Part 2

698 **show** [ʃou]
- 動 示す，案内する
- 名 見世物，ショー
- 〈変〉show, showed, shown または showed

699 **sick** [sik]
- 形 病気の
- 〈同〉ill

700 **sleep** [sli:p]
- 動 眠る
- 名 眠り
- 〈変〉sleep, slept, slept

701 **south** [sauθ]
- 名 南
- 形 南の
- 副 南へ
- 〈反〉north 北

702 **streetcar** [strí:tkɑːr]
- 名 市街電車

703 **take** [teik]
- 動 (手に)取る，食べる，(乗物に)乗る，(写真を)撮る，(時間・労力などを)要する
- 〈変〉take, took, taken

Check!

| 704 | **train** [trein] | 名 列車
動 訓練する |

| 705 | **tunnel** [tʌ́nəl] | 名 トンネル |

| 706 | **visit** [vízit] | 動 訪れる
名 訪問 |

| 707 | **worse** [wəːrs] | 形 〔bad, ill の比較級〕さらに悪い，さらにひどい
副 さらに悪く，よりひどく
〈反〉better さらによい |

→ Step 10 ←

| 708 | **angry** [ǽŋgri] | 形 怒った |

| 709 | **arrive** [əráiv] | 動 (…に)到着する(at [in]…)
〈同〉reach |

Part 2

710 **baby**
[béibi]

名 赤ん坊

711 **banana**
[bənǽnə]

名 バナナ

712 **become**
[bikʌ́m]

動 …になる
〈変〉become, became, become

713 **body**
[bάdi]

名 体，胴体

714 **bring**
[briŋ]

動 持って来る，…をもたらす，
育てる(up)，
引き起こす(about)
〈変〉bring, brought, brought

715 **call**
[kɔ:l]

動 呼ぶ，…を〜と呼ぶ，
(人[場所])を訪問する
(on [at]…)
名 呼び声

Check!

初級レベルの英単語

716 **chairman** [tʃɛ́ərmən]
图 議長
〈複〉chairmen

717 **cloudy** [kláudi]
形 曇りの
〈反〉fine 晴れた

718 **cool** [kuːl]
形 冷たい, 涼しい
動 冷やす, 冷える

719 **dark** [dɑːrk]
形 暗い, 陰気な
图 暗がり, 日暮れ

720 **downstairs** [dáunstɛ́ərz]
图 階下
副 階下に
〈反〉upstairs 階上, 階上に

721 **eye** [ai]
图 目

722 **fish** [fiʃ]
图 魚
動 魚釣りをする
〈複〉fish または fishes

Part 2

723 **forget**
[fərgét]

動 忘れる
〈変〉forget, forgot, forgotten
〈反〉remember 覚えている

724 **give**
[giv]

動 与える
〈変〉give, gave, given
〈反〉take 取る

725 **glad**
[glæd]

形 うれしい

726 **grow**
[grou]

動 成長する，大きくなる(up)，
…になる，育てる
〈変〉grow, grew, grown
〈同〉become

727 **hotel**
[houtél]

名 ホテル

728 **let**
[let]

動 …させる
〈変〉let, let, let
〈同〉make

初級レベルの英単語

729 **meeting**
[míːtiŋ]

图 会合
〈同〉gathering

730 **pink**
[piŋk]

图 ピンク色, 桃色
形 桃色の

731 **policeman**
[pəlíːsmən]

图 警察
〈複〉policemen

732 **quiet**
[kwáiət]

形 静かな
〈同〉still
〈反〉noisy 騒々しい
⇒ quite 全く

733 **rainy**
[réini]

形 雨の
〈反〉fine 晴れた

734 **ready**
[rédi]

形 準備のできた,
　　喜んで(…する)

735 **record**
① [rékərd]
② [rikɔ́ːrd]

① 图 レコード, 記録
② 動 記録する, 録音する

Part 2

736 **seem**
[siːm]
動 …のように見える、…のように思われる
〈同〉look

737 **shall**
[ʃəl, ʃæl]
助 (英)〔単純未来〕…であろう、〔1人称の疑問文で〕…しましょうか

738 **something**
[sʌ́mθiŋ]
代 何か、ある物[こと]

739 **soon**
[suːn]
副 間もなく、早く

740 **swimming**
[swímiŋ]
名 水泳

741 **think**
[θiŋk]
動 (…と)思う、考える
〈変〉think, thought, thought

742 **tomorrow**
[təmɔ́ːrou]
名 明日
副 明日は
⇒ yesterday 昨日, today 今日

743 **upstairs**
[ʌ́pstɛ́ərz]

副 2階へ，階上へ
名 2階，階上
〈反〉downstairs 階下へ，階下

744 **will**
[wil]

助〔単純未来〕…であろう，
〔意志未来〕…するつもりである
* 過去形は would。

745 **windy**
[wíndi]

形 風の吹く，風の強い

746 **won't**
[wount]

= will not

747 **worst**
[wəːrst]

形〔bad, ill の最上級〕最も悪い，最もひどい
副 最も悪く
名 最悪のこと［物］
〈反〉best 最もよい

Part 2

→ Step 11 ←

748 **across**
[əkrɔ́ːs]
前 …を横切って
副 横切って
〈反〉along …に沿って

749 **afraid**
[əfréid]
形 (…を)恐れて(of ...), 心配して

750 **almost**
[ɔ́ːlmoust]
副 ほとんど
〈同〉nearly

751 **anywhere**
[énihwɛər]
副 〔疑問文・条件文で〕どこかに, 〔否定文で〕どこにも(…ない), 〔肯定文で〕どこにでも

752 **Asia**
[éiʒə, éiʃə]
名 アジア
⇨ Europe ヨーロッパ, America アメリカ

753 **boat**
[bout]
名 ボート, 船
〈同〉ship

754	**branch** [bræntʃ]	名 枝, 支店, 支流 動 枝を出す, 分かれる
755	**button** [bʌ́tn]	名 ボタン
756	**cut** [kʌt]	動 切る, 切れる 名 切断 〈変〉cut, cut, cut
757	**deep** [diːp]	形 深い, (色の)濃い 副 深く 〈反〉shallow 浅い
758	**die** [dai]	動 (…で)死ぬ(from [of] …), 枯れる 〈反〉live 生きる
759	**fall** [fɔːl]	動 落ちる, 降りる 名 (米) 秋 〈変〉fall, fell, fallen 〈同〉autumn 〈反〉rise 上がる

Part 2

760 **feel**
[fiːl]

動 感じる，さわる，
　…の気がする
〈変〉feel, felt, felt

761 **hunt**
[hʌnt]

動 狩りをする，
　(…を)探し求める(for …)
名 狩猟

762 **if**
[if]

接 もしも…ならば，
　たとえ…でも，…かどうか
⇒ though, whether

763 **indeed**
[indíːd]

副 本当に，実に，なるほど
〈同〉really

764 **inside**
[insáid]

名 内側
形 内側の
副 内側に
前 …の内側に
〈反〉outside 外側，外側の

765 **kill**
[kil]

動 殺す

初級レベルの英単語

766 **laugh**
[læf]
動 (声を出して)笑う
名 笑い, 笑い声
〈反〉cry (泣く),
　　 weep (涙を流して) 泣く
⇨ smile 微笑(する)

767 **lucky**
[lʌ́ki]
形 運のよい
〈反〉unlucky 運の悪い

768 **nest**
[nest]
名 巣

769 **ocean**
[óuʃən]
名 大洋
形 大洋の

770 **Pacific**
[pəsífik]
名 〔the～〕太平洋
形 太平洋の
〈反〉Atlantic 大西洋(の)

771 **paint**
[peint]
名 絵具, ペンキ
動 ペンキを塗る, (絵の具で)描く

772 **rainbow**
[réinbou]
名 虹
〈同〉bow

Part 2

773 **rat**
[ræt]

名 野ねずみ,どぶねずみ
⇒ mouse はつかねずみ

774 **remember**
[rimémbər]

動 覚えている,思い出す,記憶する
〈反〉forget 忘れる

775 **river**
[rívər]

名 川

776 **round**
[raund]

形 丸い,一周の
名 円
動 丸くする
前 …を回って,…の周囲に
副 ぐるりと
〈同〉around
〈反〉square 四角い

777 **sad**
[sæd]

形 悲しい
〈反〉glad うれしい

778 **servant**
[sə́:rvənt]

名 召し使い
〈反〉master 主人

Check!

779 **size**
[saiz]

名 大きさ

780 **slope**
[sloup]

名 坂

781 **strange**
[streindʒ]

形 奇妙な，不思議な，未知の，見慣れぬ
〈同〉queer, unknown
〈反〉familiar 見慣れた

782 **theater, -tre**
[θíətər]

名 劇場

783 **thirsty**
[θə́ːrsti]

形 のどが渇いた

784 **through**
[θruː]

前 …を通じて
副 通り抜けて，全く

785 **twice**
[twais]

副 2度，2倍

Part 2

786 **while**
[hwail]

接 …する間, …だが一方

787 **wide**
[waid]

形 幅の広い, 広大な
副 広く
〈反〉narrow 狭い

788 **wood**
[wud]

名 木材, 〔主に複数形で〕森
〈同〉forest 森

PART 3

基礎・初級レベルの 英 熟 語

【STEP 1〜7】

Part 3

→ Step 1 ←

789 **a cup of**　　　　カップ1杯の〜

❖I had *a cup of* coffee after dinner.
(私は夕食後、コーヒーを1杯飲んだ。)
＊「2杯の〜」は two cups of となる。

790 **a few**　　　　少しの、少数の〜

❖She has *a few* apples in her basket.
(彼女はかごの中にりんごを少し持っている。)
〈反〉 many, a lot of, plenty of (たくさんの)
＊a few は数えられる名詞につけて肯定的に「少しはある」という意味を表すが、few は否定的に「ほとんどない」という意味になる。
She has *few* oranges in her basket.
(彼女はかごの中にオレンジをほとんど持っていない。)

791 **a glass of**　　　　(グラス)1杯の〜

❖Will you bring me *a glass of* wine?
(ワインを1杯持ってきてくれますか。)
＊「(グラス)2杯の〜」は two glasses of となる。

Check!

792 **a little**   少しの，少量の〜；少しは

❖There is *a little* water in the glass.
（コップの中に水が少しある。）

❖He can speak *a little* English.
（彼は少しは英語が話せる。）

〈反〉much, a lot of, plenty of（たくさんの）

*a little は数えられない名詞について肯定的に「少しはある」という意味を表すが，little は否定的に「ほとんどない」という意味を表す。

There is *little* water in the glass.
（コップの中には水がほとんど入っていない。）

793 **a piece of**   1片［1本，1枚］の〜

❖May I have *a piece of* cheese, please?
（チーズを1切れください。）

❖There are *two pieces of* paper on the desk.
（机の上に紙が2枚あります。）

*チョーク・パンなど，そのままでは数えられない名詞について，その数量を表す。

Part 3

794 **after school** 放課後

❖Let's play baseball *after school*.
(放課後，野球をしに行きましょう。)

795 **at night** 夜に

❖He got to Paris *at night*.
(彼は夜，パリに着いた。)
⇨ in the evening (夕方に，晩に)

796 **at noon** 正午に

❖I will have lunch *at noon*.
(私は正午に昼食を食べるつもりだ。)
⇨ in the afternoon (午後に)

797 **come along** やって来る

❖The dog is *coming along* the path.
(通りを犬がやってくる。)

Check!

798 come back　　　帰って来る (=return)

❖He will *come back* by seven o'clock.
(彼は7時までには戻るでしょう。)
⇨ go back（帰る）

799 come down　　　降りて来る

❖The cat *came down* off the roof.
(ねこが屋根から降りて来た。)
〈反〉come up（上がって来る）

800 come into　　　～に入って来る (=enter)

❖She *came into* the meeting room.
(彼女は会議室へ入って来た。)

801 come out　　　来る，(花が) 咲く

❖Cherry blossoms *come out* in the spring.
(春には桜の花が咲く。)

Part 3

802 come out of ～から出て来る

❖Mother *came out of* the bank.
(お母さんが銀行から出て来た。)
〈反〉go into (～に入って行く)

803 come up 上がって来る，近づく

❖No one has *come up* yet.
(だれもまだやって来ない。)

804 come up to ～（のそば）までやって来る

❖He *came up to* me and asked me the way to the station.
(彼は私のそばまでやって来て，駅までの道をたずねた。)

805 go to school 学校へ行く，通学する

❖I *go to school* by bicycle.
(私は自転車で通学している。)
⇒ go to church (教会へかよう)

Check!

806 **one day**　　　　　ある日

❖*One day* the girl met a big bear in the woods.
（ある日，少女は森で大きなくまに出会った。）
〈同〉some day

807 **some day, someday**　いつか，そのうちに

❖*Someday* I want to go to London.
（私はいつかロンドンに行きたい。）
＊未来を表す文で使われる。

❖Let's meet *some day* next week.
（来週いつか会いましょう。）

808 **speak to**　　　　　～に話しかける

❖I *spoke to* the man next to me.
（私は隣の人に話しかけた。）
⇨ speak with（～と話をする）

809 **talk to**　　　　　～に話しかける

❖Don't *talk to* others during the examination.
（試験中に他の人に話しかけてはいけません。）

→ Step 2 ←

810 **all right** よろしい，元気で

❖It's *all right*.
（大丈夫だ。申し分ない。）

811 **arrive at [in]** ～に到着する（＝reach）

❖He will *arrive at* the station at about six.
（彼は6時ごろ駅に着くだろう。）
❖We *arrived in* Japan a week ago.
（私たちは1週間前に日本に着いた。）
〈同〉get to
＊at は狭い地域，in は広い地域の場合に。

812 **be at home** 家にいる

❖She *is at home* now.
（彼女は今，家にいます。）
〈同〉stay (at) home

813 day after day   くる日もくる日も，毎日毎日

❖She practices the violin *day after day*.
（彼女はくる日もくる日もバイオリンの練習をする。）
　⇨ year after year（毎年毎年）

814 day by day   日ごとに，毎日毎日

❖It's getting colder *day by day*.
（日ごとに寒くなってくる。）
　⇨ year by year（年々）

815 get into   ～に入る，(車などに) 乗り込む

❖They *got into* the taxi.
（彼らはタクシーに乗り込んだ。）
　〈反〉get out of（～から降りる）

816 get off   (乗り物から) 降りる

❖I will *get off* at the next bus stop.
（私は次の停留所で降ります。）
　〈反〉get on（乗る）

Part 3

817 **get on**   （乗り物に）乗る

❖Where should I *get on* the train?
（私はどこで電車に乗ったらいいでしょう。）
〈反〉get off（降りる）

818 **get out (of)**   （〜から）出る，（車などから）降りる

❖I *got out of* the taxi near the station.
（私は駅の近くでタクシーを降りた。）
〈反〉get into（〜に乗る）

819 **get to**   〜に到着する（＝reach）

❖They will *get to* the airport at seven.
（彼らは7時に空港に到着するでしょう。）
〈同〉arrive at [in]

Check!

820 **get up** — 起きる；（席から）立ち上がる

❖I usually *get up* at seven in the morning.
（私はふつう朝7時に起きる。）

❖He *got up* to sing.
（彼は立ち上がって歌った。）
〈同〉stand up（立ち上がる）

821 **go after** — ～を追いかける，求める

❖The racer was *going after* a new record.
（レーサーは新記録を追い求めていた。）
⇨ run after（～のあとを追う）

822 **go around [round]** — ～を回る

❖I'd like to *go around* the world.
（世界を回ってみたい。）

823 **go away (from)** — （～から）立ち去る

❖He said good-bye and *went away*.
（彼はさよならを言うと立ち去った。）
⇨ come up to（～までやって来る）

824 **go back** (to)   (〜へ) 戻る, 帰る

❖He will *go back to* his office by six.
(彼は6時までには事務所に戻るだろう。)

825 **go down** (to)   (〜に) 降りる, 下がる

❖I *went down to* the first floor in the elevator.
(私はエレベーターで1階まで降りた。)
〈反〉go up (上がる)

826 **go home**   帰宅する

❖What time are you *going home*?
(あなたは何時に帰宅するつもりですか。)
＊go to home とは言わない。

827 **go into**   〜に入る, 入って行く

❖He *went into* the classroom.
(彼は教室に入った。)
〈反〉come out of (〜から出て来る)

828 go out
出て行く；
（火などが）消える

❖He *went out* two hours ago.
（彼は2時間前に出かけて行った。）
❖Most of the lights *went out*.
（ほとんどの明かりが消えた。）
⇨ go out for a walk（散歩に出る）

829 go to bed
寝る

❖I *went to bed* at 10 o'clock last night.
（昨夜，私は10時に寝た。）
〈反〉get up（起きる）

830 here and there
あちこちに［で］

❖Birds are flying *here and there* in the woods.
（小鳥が森のあちこちで飛んでいる。）

831 in those days
その当時は

❖*In those days* I was still a child.
（その当時，私はまだ子供だった。）
＊days と複数形で「時代」を表す。

Part 3

832 **wake up** 　　目を覚ます，起こす

❖Please *wake* me *up* at seven tomorrow morning.
（明朝7時に起こしてください。）

→ Step 3 ←

833 **be able to** *do* 　　〜することができる（＝can）

❖I want to *be able to* speak English.
（私は英語が話せるようになりたい。）

834 **buy** A **for** B 　　B（人）にA（物）を買ってやる（＝buy B A）

❖He will *buy* a ring *for* his girlfriend.
＝He will buy his girlfriend a ring.
（彼はガールフレンドに指輪を買うつもりだ。）
〈反〉sell A to B（BにAを売る）

Check!

835 **far away** 遠くに

❖The ship is too *far away* to see.
（遠すぎて船が見えません。）

836 **have a cold** 風邪をひいている

❖He *has a cold* and must stay in bed.
（彼は風邪をひいて寝ていなければならない。）
 ⇨ catch (a) cold（風邪をひく）

837 **look around [round]** 辺りを見回す

❖He *looked around* at the guests.
（彼は客たちを見回した。）
 〈同〉look around a store

838 **look at** ～を見る

❖She was *looking at* the picture.
（彼女はその絵を見ていた。）

Part 3

839 **look back** 振り返る

❖He never *looked back* again.
(彼は二度と振り返ることはなかった。)
⇨ look back at (振り返って～を見る)

840 **look in** ちょっとのぞく

❖I *looked in* on the party.
(私はパーティーをちょっとのぞいてみた。)
〈反〉look out (外を見る)

841 **look into** ～の中をのぞきこむ；～を調べる

❖They *looked into* the basket.
(彼らはかごの中をのぞきこんだ。)
❖He is *looking into* the matter.
(彼はそのことを調査している。)

842 **look like** ～のように見える

❖She *looks like* a movie star.(彼女は映画スターのように見える。)

843 look through ～を通して見る

❖I *looked* at the stars *through* a telescope.
（私は望遠鏡をのぞいて星を見た。）

844 once more もう一度

❖Please say it *once more*.
（もう一度言ってください。）

845 one by one 1つ［1人］ずつ，次々に

❖They went into the classroom *one by one*.
（彼らは1人ずつ教室に入っていった。）

846 out of （～の中）から（外へ）

❖He went *out of* the library.
（彼は図書館から出て行った。）
〈反〉into, in（～の中に）

Part 3

847 take [have] a bath   入浴する

❖When I called him up last night, he was *taking a bath*.
(昨夜電話をかけたとき，彼は入浴中だった。)

848 take a picture   写真を撮る

❖We *took a picture* from the top of the mountain.
(私たちは山の頂上から写真を撮った。)
〈同〉take a photograph

849 take a walk   散歩する

❖My father *takes a walk* in the park every Sunday.
(父は毎週日曜日公園を散歩する。)
⇨ go for a walk (散歩にでる)
take a rest (一休みする)
take a trip (旅行をする)
take a nap (うたた寝をする)

850 **take away** 〜を持ち去る，連れ去る

❖The boys *took* the books *away*.
（少年たちは本を持ち去った。）

851 **take back** 取り戻す

❖I want to *take* my bag *back* to the store.
（私はかばんを取り戻したい。）

852 **take out** 〜を取り出す，連れ出す

❖She *took* him *out* shopping.
（彼女は彼を買物に連れ出した。）

Part 3

→ Step 4 ←

853 **a lot, lots**　　大いに（=very much）

❖Thanks *a lot*.
（どうもありがとう。）

❖This town has changed *lots* since I was a boy.
（この町は私が子供の頃とはすっかり変わった。）

854 **a lot of, lots of**　たくさんの〜

❖He has *a lot of* toy cars.
（彼はたくさんのおもちゃの車を持っている。）

❖We have *lots of* snow in February.
（2月には雪が多い。）

〈同〉many, much, plenty of
＊数，量のどちらにも用いられる。

Check!

855 **at first**　　　最初は

❖*At first* it was difficult for me to speak English.
（最初は，英語を話すのは難しかった。）

856 **at last**　　　とうとう，最後には

❖*At last* he was able to swim to the island.
（とうとう，彼はその島まで泳ぐことができた。）

857 **at once**　　　すぐに

❖You had better start *at once*.
（あなたはすぐに出発したほうがよい。）
　〈同〉right away, right now

Part 3

858 be going to *do*
～するつもりである，まさに～しようとしている，～するだろう

❖Where *are* you *going to* go for lunch? 〔意図・予定〕
（あなたはランチにどこに行くつもりですか。）

❖She *was* just *going to* go out the door. 〔近い未来〕
（彼女は，ちょうど出かけようとしていた。）

❖It *is going to* rain tomorrow. 〔見込み〕
（明日は雨だろう。）

859 by the way
（話題を変えるときに）ところで，ついでに

❖*By the way*, what do you think about it?
（ところで，それについてあなたはどう思いますか。）

860 cry out
大声で叫ぶ（=shout）

❖Suddenly, he *cried out*.
（突然，彼は大声で叫んだ。）

Check!

861 **cut down**   切り倒す

❖The big tree was *cut down* yesterday.
（昨日その大木は切り倒された。）

862 **cut out（of）**   （～から）切り抜く

❖He *cut* pictures *out of* a magazine.
（彼は雑誌から写真を切り抜いた。）

863 **for the first time**   初めて

❖He went to Spain *for the first time*.
（彼は初めてスペインへ行った。）
〈反〉for the last time（最後に）

864 **go for a walk**   散歩に出かける

❖I will *go for a walk* with my dog.
（犬を連れて散歩に出かけるつもりだ。）
⇒ take a walk（散歩する）
go for a drive（ドライブに行く）

Part 3

865 go on a picnic　ピクニックに行く

❖Will you *go on a picnic* next Sunday?
(今度の日曜日にピクニックに行きませんか。)
⇨ go on a trip（旅に出る）

866 have a good time　楽しい時を過ごす

❖I *had a* very *good time* at the party.
(私はパーティーでとても楽しい時を過ごした。)
〈反〉have a hard time（つらい時を過ごす）

867 make a mistake　間違いをする

❖She *made* some *mistakes* in the French test.
(彼女はフランス語の試験でいくつか間違えた。)

868 make (a) noise　（不快な）物音をたてる，騒々しくする

❖Some children were *making noise* in the library.
(図書館で子供たちが騒々しかった。)
　My car makes a strange noise.
(私の車が奇妙な音を出す。)

869 make a speech　演説をする（＝speak）

❖He was *making a speech* in front of the station.
（彼は駅前で演説をしていた。）

870 plenty of　たくさんの〜

❖We have *plenty of* food.
（私たちは食物を十分持っている。）
〈同〉a lot of, lots of, enough, many, much
＊数，量のどちらにも用いられる。

871 right away [now]　すぐに，直ちに

❖I'll go there *right away*.
（すぐにそこに行きます。）
〈同〉at once

872 sit down　座る

❖May I *sit down* on this chair?
（いすに座ってもよろしいでしょうか。）
〈反〉stand up（立ち上がる）

Part 3

873 stand up   立ち上がる

❖*Stand up* and answer the question.
(立ってこの問題に答えなさい。)
〈反〉sit down(座る)

→ Step 5 ←

874 all over   〜のいたる所に (=everywhere)

❖This shop has many kinds of fruits from *all over* the world.
(この店には世界中から来たいろいろな果物がある。)

875 be absent from   〜を欠席する

❖I *was absent from* school yesterday.
(私は昨日学校を休んだ。)
〈反〉be present at(〜に出席する)

876 **be afraid of** 　　〜を怖がる，心配する

❖The child *was afraid of* the dog in the park.
（その子供は公園にいる犬を怖がった。）

877 **be different from**　〜と違う

❖My idea *is different from* yours.
（私の考えはあなたのと違う。）
〈反〉be the same as（〜と同じである）

878 **be famous for**　　〜で有名である

❖Kamakura *is famous for* its old temples.
（鎌倉は古いお寺で有名です。）

879 **be good at**　　　〜が上手だ

❖He *is good at* swimming.
（彼は水泳が得意だ。）
〈反〉be poor at（〜が下手だ）

Part 3

880 **be good for** ～のためになる

❖Exercise *is good for* your health.
(運動はあなたの健康によい。)
〈反〉be bad for（～によくない）

881 **be late for** ～に遅れる

❖Don't *be late for* your flight.
(飛行機の出発の時間に遅れないようにしなさい。)
〈反〉be in time for（～に間に合う）

882 **begin with** ～から始まる, ～から始める

❖The meeting *began with* a speech.
(会はスピーチから始まった。)
〈反〉end with（～で終わる）

Check!

883　between A and B　AとBの間に

❖He will come here *between* two *and* three.
（彼は2時と3時の間に来るだろう。）
　＊between は2つのものの間の場合，3つ以上の場合は among を用いる。
　It was divided *among* the three children.
　（それは3人の子供たち間で分けられた。）

884　by mail　郵便で

❖I'll send a birthday present to her *by mail*.
（私は彼女に誕生日プレゼントを郵送します。）
　⇒ by air mail（航空便で）
　by ship（surface mail）（船便で）

885　each other　お互いに

❖You must help *each other*.
（君たちはお互いに助け合わなくてはならない。）
　＊主に2人の場合は each other, 3人以上の場合は one another を用いる。

Part 3

886 **have to** *do* — ～しなければならない（＝must）

❖I *have to* finish this report by tomorrow.
（私はこのレポートを明日までに終わらせなくてはならない。）
　＊to の後は動詞の原形。

887 **one another** — お互いに

❖They are enjoying talking with *one another*.
（彼らは互いに楽しそうに話し合っている。）
　⇨ each other

888 **over there** — 向こうに，あそこに

❖You can see Mt. Fuji *over there*.
（向こうに富士山が見えます。）

889 **run after** — ～を追いかける

❖The cat was *running after* the rat.
（ねこがねずみを追いかけていた。）

890 run away — 逃げる

❖The thief *ran away* from the police.
（その泥棒は警官から逃げ出した。）

891 think about — ～について考える

❖Will you *think about* the plan again?
（もう1度その計画について考えてみてくれますか。）

892 think of — ～のことを考える

❖I'm *thinking of* leaving my job.
（私は仕事をやめることを考えている。）

893 up to — ～に至るまで

❖The weather has been all right *up to* now.
（天気は今のところ順調です。）

894 walk about — 歩き回る，散歩する

❖I *walked about* the town sightseeing.
（私は街を見て回った。）
〈同〉walk around

895 walk away　　　立ち去る

❖He *walked away* in anger.
（彼は怒って立ち去った。）
 ⇨ run away（逃げる），go away（立ち去る）

→ Step 6 ←

896 as～as ...　　　…と同じくらい～

❖Bob can play baseball *as* well *as* Mike.
（ボブはマイクと同じくらい野球がうまい。）

897 as ... as one can　　　できるだけ…

❖I studied English *as* hard *as I could*.
（私はできるだけいっしょうけんめい英語の勉強をした。）
 〈同〉as ... as possible
 ＊動詞が過去の場合は can は could になる。

898 as ... as possible　できるだけ…

❖I will go there *as* soon *as possible*.
（私はできるだけ早くそこへ行きます。）
〈同〉as ... as one can

899 be covered with　〜で覆われている

❖The trees *were covered with* blossoms.
（木は花で覆われていた。）

900 be known to　〜に知られている

❖The story *is known to* everyone.
（その話は皆に知られている。）
＊書き換え注意。
Everyone knows the story.→ The story is known *to* everyone.

901 be pleased with　〜が気に入る，〜に満足する

❖I'm very *pleased with* the restaurant.
（私はそのレストランが大変気に入っている。）

Part 3

902 **bring back** 　　～を戻す，返す

❖Will you please *bring back* my CDs?
（私の CD を返しいただけませんか。）

903 **give back** 　　返す（＝return）

❖You must *give* the DVD *back* to him by next Monday.
（あなたは今度の月曜までにその DVD を彼に返さなくてはならない。）

904 **have on** 　　身につけている

❖He *has* glasses *on*.
（彼は眼鏡をかけている。）
　⇨ put on は「身につける，着る」と動作を表す。

905 **how to** *do* 　　～のしかた

❖Do you know *how to* drive a car?
（車の運転のしかたを知っていますか。）

906 just then ちょうどその時

❖He came back *just then*.
(ちょうどその時，彼が戻って来た。)

907 knock on [at] the door ドアをノックする

❖I heard someone *knocking on the door*.
(私はだれかがドアをノックしているのが聞こえた。)
＊(米)ではonを用いることが多い。

908 laugh at ～を笑う，あざ笑う

❖We all *laughed at* his joke.
(われわれは彼のジョークを聞いて笑った。)
＊laughは「声をたてて笑う」のに対し，smileは「声をたてずに笑う」ことを意味する。

909 listen to ～を聞く

❖I like *listening to* music.
(私は音楽を聞くのが好きだ。)
＊listen toが「よく注意して聞く」の意味であるのに対し，hearは「自然に聞こえる」という意味。

Part 3

910 **not as [so] ~ as ...** …ほど~でない

❖I'm *not as* tall *as* he is.
(私は彼ほど背が高くない。)

911 **of course** もちろん

❖*Of course* I'll go there with you.
(もちろん,私はそこへあなたと一緒に行きます。)

912 **one ~ , the other ...** 一方は~,他方は…

❖*One* is big and *the other* is small.
(一方は大きくて,もう一方は小さい。)
  ⇒ one~, another ...

913 **smile at** ~にほおえむ

❖He *smiled at* the baby.
(彼は赤ん坊を見てほおえんだ。)

914 **some~, others ...** ~もあれば…もある

❖*Some* like coffee, *others* like tea.
(コーヒーが好きな人もいれば,紅茶が好きな人もいる。)

基礎・初級レベルの英熟語

915 stay with　　（個人の家に）滞在する，泊まる

❖I'm *staying with* my uncle.
（私はおじの家に滞在している。）
⇒「（ホテルなどに）泊まる」場合は stay at を用いる。
What hotel are you *staying at*?
（あなたはどのホテルに泊まっているのですか。）
I'll be staying in Chicago for one week.
（１週間シカゴに滞在するつもりです。）

916 wait for　　～を待つ

❖I was *waiting for* a friend at the station.
（私は駅で友人を待っていた。）

⇒ Step 7 ←

917 and so on　　～など（=etc.）

❖I like playing tennis, baseball, soccer, *and so on*.
（私はテニス，野球，サッカーなどをすることが好きだ。）

Part 3

918 **at the same time** 　同時に

❖They raised their hands *at the same time*.
（彼らは同時に手を挙げた。）

919 **help A with B** 　A（人）のBを手伝う

❖The girl is *helping* her mother *with* dinner.
（その少女は母の料理を手伝っている。）

920 **How about ... ?** 　…はどうですか
　　　　　　　　　　　（＝What about ...?）

❖*How about* a cup of coffee?
（コーヒーを１杯いかがですか。）
How about playing tennis?
（テニスをしませんか。）
　＊about の後に名詞・動名詞がくる。

921 **in this way** 　このようにして

❖Do the exercise *in this way*.
（このようにして練習をやりなさい。）
　⇒ in many ways（いろいろな方法で）

922 **not ... at all**　　　少しも…ない

❖I'm *not* angry *at all*.
（私は少しも怒っていない。）

923 **on one's [the] way to**　　～へ行く途中で

❖I met Ken *on my way to* the library.
（私は図書館へ行く途中ケンに会った。）
　⇨ on one's [the] way home（家へ帰る途中で）

924 **put A in [into] B**　AをBに入れる

❖She *put* the book *into* her bag.
（彼女はその本をかばんの中に入れた。）

925 **the same A as B**　　Bと同じA

❖This is *the same* type of racket *as* mine.
（これは私のと同じ（種類の）ラケットだ。）

＊単語索引

数字は単語の番号を示す。

[A]

a	1
able	511
about	351
above	553
absent	433
across	748
afraid	749
after	251
afternoon	252
again	352
ago	512
airplane	631
airport	513
album	2
all	167
almost	750
alone	668
along	392
alphabet	3
already	632
also	434
always	435
am	41
America	514
American	124
an	4
and	125
angry	708
animal	287
another	472
answer	473
any	83
anything	554
anywhere	751
apple	5
April	288
are	42
aren't	43
arm	594
around	393
arrive	709
as	515
Asia	752
ask	474
at	126
August	289
aunt	394
autumn	290
away	669

[B]

baby	710
back	395
bad	670
bag	84
bake	671
ball	85
banana	711
baseball	86
basket	168
basketball	87
bat	88
batter	89
be	516
beautiful	517
because	436
become	712
bed	253
bedroom	254
before	353

begin	354	calendar	601
bell	355	call	715
bench	169	camera	90
beside	396	can	212
best	672	candle	602
better	673	candy	558
between	595	cannot	213
bicycle	356	cap	7
big	44	car	128
bird	291	card	603
birthday	596	cat	48
black	127	catch	674
blackboard	208	catcher	91
blossom	397	cent	399
blow	597	chair	8
blue	518	chairman	716
boat	753	chalk	604
body	713	cheap	675
book	6	cherry	400
box	45	chicken	559
boy	46	child	129
branch	754	Christmas	293
bread	598	church	255
break	599	city	294
breakfast	209	class	214
bring	714	classmate	357
brother	47	classroom	215
brown	555	clean	633
build	475	clock	216
building	170	close	605
bus	210	cloud	634
busy	437	cloudy	717
but	211	club	358
butter	556	coat	676
button	755	cock	438
buy	398	coffee	560
by	600	cold	295
		collect	359
		college	360
[C]		colo(u)r	171
		come	172
cage	292	cook	606
cake	557		

cool	718	drink	565
corn	561	drive	403
corner	361	during	440
could	677		
couldn't	678	**[E]**	
country	562		
course	401	each	681
cover	607	ear	479
cow	439	early	217
crowd	679	earth	682
cry	476	east	404
cup	563	easy	636
cut	756	eat	257
		egg	12
[D]		eight	218
		eighteen	219
dark	719	eighth	297
daughter	477	eighty	298
day	130	elevator	441
dear	519	eleven	258
December	296	eleventh	299
deep	757	engineer	566
desk	9	England	521
diary	608	English	13
dictionary	520	Englishman	133
did	478	enjoy	567
die	758	envelope	609
different	680	even	637
difficult	635	evening	259
dining room	564	ever	638
dinner	256	every	134
dish	10	everybody	442
do	92	everyone	363
doctor	49	everything	522
does	131	exercise	443
dog	50	expensive	523
doll	132	eye	721
dollar	402		
door	11	**[F]**	
down	173		
downstairs	720	face	480
Dr.	362	factory	568

fall	759	fun	612	

[G]

family	135		
famous	481	game	364
far	610	garden	405
farm	444	gate	571
farmer	136	gentleman	138
fast	220	German	642
father	51	Germany	643
February	300	get	222
feel	760	girl	53
few	482	give	724
fifteen	221	glad	725
fifth	260	glass	572
fifty	301	glove	95
find	683	go	175
fine	302	good	54
finger	639	good-by(e)	264
finish	640	grandfather	448
first	261	grandmother	449
fish	722	grass	406
five	93	gray	644
floor	445	great	483
flower	174	green	407
fly	641	ground	365
fond	569	grow	726

| food | 684 |
| foot | 303 |

[H]

football	94		
for	446	had	450
forget	723	hadn't	451
fork	14	hair	573
four	304	half	223
fourteen	137	hand	96
fourth	262	happy	526
France	524	hard	645
French	525	has	139
Friday	263	hasn't	140
friend	52	hat	15
from	447	have	97
front	570	haven't	98
fruit	611		
full	685		

he	55	into	370
head	646	invitation	615
hear	366	invite	616
hello	527	is	16
help	484	isn't	17
hen	141	it	18
her	56	its	100
here	176	it's	19
hers	142		
high	367	[J]	
hill	408		
him	177	January	308
his	57	Japan	409
hobby	368	Japanese	224
holiday	613	joy	617
home	528	July	309
homework	647	jump	486
hope	369	June	310
horse	143	junior	371
hot	305	just	648
hotel	727		
hour	265	[K]	
house	178		
how	179	keep	410
hundred	306	kill	765
hungry	574	kind	530
hunt	761	king	485
		kitchen	576
[I]		knife	577
		know	144
I	58		
ice	575	[L]	
if	762		
ill	686	lady	145
I'm	59	lake	411
in	99	lamp	20
inch	307	large	311
indeed	763	last	266
Indian	687	late	452
ink	614	laugh	766
inside	764	learn	372
interesting	529	leave	649

left	101	milk	581
leg	688	mine	148
lemon	21	minute	226
lesson	22	Miss	63
let	728	Monday	268
let's	180	money	414
letter	531	monkey	64
library	373	month	316
light	532	moon	691
like	102	more	488
lily	103	morning	227
lion	60	most	534
listen	487	mother	65
little	61	mountain	415
live	146	mouth	651
living room	533	Mr.	149
London	312	Mrs.	150
long	313	much	104
look	147	music	151
lot	453	musician	489
love	374	must	692
low	412	my	66
lucky	767		
lunch	267		

[M]

		[N]	
make	454	name	67
man	62	near	455
many	181	neck	693
map	225	need	375
March	315	nest	768
market	689	never	694
may	690	new	105
May	314	newspaper	535
me	182	New York	317
meat	578	next	376
meet	650	nice	416
meeting	729	night	269
member	579	nine	228
merchant	413	nineteen	183
mile	580	ninety	318
		ninth	319
		no	23

noise	618	**[P]**	
none	582		
noon	270		
north	536	Pacific	770
nose	652	page	585
not	24	paint	771
notebook	25	paper	620
nothing	456	parent	539
November	320	Paris	540
now	229	park	187
number	537	party	621
nurse	68	past	232
		pen	29
[O]		pencil	30
		people	459
O.K.	377	perhaps	420
oak	184	pet	70
ocean	769	piano	106
o'clock	230	picnic	378
October	321	picture	31
of	322	piece	586
off	619	pig	71
office	457	pin	32
often	653	pink	730
oh	231	pitcher	107
old	69	place	490
on	185	play	108
once	654	playground	379
one	26	please	154
only	417	plenty	421
open	186	policeman	731
or	27	pool	323
orange	28	poor	541
other	538	post	460
our	152	potato	622
ours	153	present	587
out	418	pretty	188
outside	458	prince	491
over	419	princess	492
overcoat	695	pupil	72
own	583	put	493
ox	584		

索引

[Q]

quarter	233
queen	494
question	495
quiet	732

[R]

rabbit	696
racket	109
radio	155
rain	496
rainbow	772
rainy	733
rat	773
reach	655
read	234
ready	734
record	735
red	110
remember	774
review	380
ribbon	623
rich	542
right	111
river	775
road	543
robin	324
rock	422
roof	544
room	189
rose	112
round	776
run	271

[S]

sad	777
same	656
Santa Claus	325
Saturday	272
say	381
school	235
schoolboy	73
schoolgirl	74
science	697
sea	545
seaside	657
season	326
second	273
see	190
seem	736
sell	423
September	327
servant	778
seven	236
seventeen	191
seventh	274
seventy	328
shall	737
she	75
shine	382
ship	497
shirt	658
shop	424
short	329
show	698
shut	192
sick	699
sing	156
sister	76
sit	193
six	237
sixteen	194
sixth	275
sixty	276
size	779
skate	330
ski	331
sky	498
sleep	700
slope	780

索引

slow	383	supper	280
slowly	425	surprise	626
small	195	swim	337
smile	499	swimming	740
snow	332		
soft	426	**[T]**	
some	113		
something	738	table	33
sometimes	277	take	703
son	157	talk	388
song	384	tall	197
soon	739	tea	589
sorry	461	teach	389
south	701	teacher	77
speak	238	team	590
spell	239	telephone	547
spoon	624	television	548
sport	385	tell	504
spring	333	ten	240
stamp	386	tennis	114
stand	196	tenth	338
star	500	textbook	241
start	659	than	339
station	660	thank	115
stay	501	that	34
still	661	the	158
stop	502	theater, —tre	782
store	334	their	159
story	503	theirs	160
strange	781	them	198
street	427	then	116
streetcar	702	there	199
strong	462	these	117
student	387	they	118
study	278	thing	429
subway	428	think	741
such	546	third	281
suddenly	625	thirsty	783
sugar	588	thirteen	340
summer	335	thirty	242
sun	336	this	35
Sunday	279	those	119

thousand	505	usually	509
three	120		
through	784	[V]	
Thursday	282		
till	662	vase	204
time	243	very	122
tired	663	violet	431
to	200	violin	123
today	390	visit	706
together	506		
tomato	36	[W]	
tomorrow	742		
tonight	507	wait	666
too	37	wake	628
tooth	664	walk	284
top	591	wall	246
touch	665	want	592
town	430	warm	345
toy	161	was	465
train	704	wash	163
tree	201	Washington	549
try	508	wasn't	466
Tuesday	283	watch	550
tulip	341	water	593
tunnel	705	way	551
twelfth	342	we	164
twelve	343	Wednesday	285
twentieth	344	week	286
twenty	244	welcome	629
twice	785	well	247
two	121	were	467
typewriter	627	weren't	468
		west	552
[U]		what	38
		when	248
uncle	162	where	205
under	202	which	346
up	245	while	786
upstairs	743	white	347
us	203	who	78
use	463	whom	206
useful	464	whose	165

索引

why	469	write	250
wide	787		
will	744	**[Y]**	
wind	630		
window	39	year	349
windy	745	yellow	207
winter	348	yes	40
with	249	yesterday	471
woman	79	yet	667
won't	746	you	80
wonderful	432	young	81
wood	788	your	82
word	391	yours	166
work	470		
world	510	**[Z]**	
worse	707		
worst	747	zoo	350

熟語索引
*数字は熟語の番号を示す。

[A]

a cup of	789	at night	795
a few	790	at noon	796
a glass of	791	at once	857
a little	792	at the same time	918
a lot of, lots of	854		
a lot, lots	853	**[B]**	
a piece of	793		
after school	794	be able to	833
all over	874	be absent from	875
all right	810	be afraid of	876
and so on	917	be at home	812
arrive at [in]	811	be covered with	899
as～as...	896	be different from	877
as...as one can	897	be famous for	878
as...as possible	898	be going to do	858
at first	855	be good at	879
at last	856	be good for	880
		be known to	900
		be late for	881
		be pleased with	901

begin with	882	get up	820
between A and B	883	give back	903
bring back	902	go after	821
buy A for B	834	go around	822
by mail	884	go away (from)	823
by the way	859	go back (to)	824
		go down	825

[C]

		go for a walk	864
come back	798	go home	826
come along	797	go into	827
come down	799	go on a picnic	865
come into	800	go out	828
come out	801	go to bed	829
come out of	802	go to school	805
come up	803		
come up to	804		

[H]

cry out	860	have a cold	836
cut down	861	have a good time	866
cut out(of)	862	have on	904
		have to do	886

[D]

		help A with B	919
day after day	813	here and there	830
day by day	814	How about ...?	920
		how to do	905

[E]

[I]

each other	885	in this way	921
		in those days	831

[F]

[J]

far away	835		
for the first time	863	just then	906

[G]

[K]

get into	815	knock on[at] the door	907

| get off | 816 | | |

[L]

get on	817		
get out (of)	818	laugh at	908
get to	819		

listen to	909
look around	837
look at	838
look back	839
look in	840
=look into	841
look like	842
look through	843

[M]

make a mistake	867
make (a) noise	868
make a speech	869

[N]

not ... at all	922
not as[so]～as ...	910

[O]

of course	911
on one's[the]way to	923
once more	844
one～, the other ...	912
one another	887
one by one	845
one day	806
out of	846
over there	888

[P]

plenty of	870
put A in[into]B	924

[R]

right away[now]	871

run after	889
run away	890

[S]

sit down	872
smile at	913
some～, others ...	914
some day[someday]	807
speak to	808
stand up	873
stay with	915

[T]

take a picture	848
take a walk	849
take away	850
take back	851
take out	852
take[have] a bath	847
talk to	809
the same A as B	925
think about	891
think of	892

[U]

up to	893

[W]

wait for	916
wake up	832
walk about	894
walk away	895

著者紹介

小池直己（こいけ なおみ）

　広島大学大学院修了。カリフォルニア大学ロサンゼルス校(UCLA)の客員研究員を経て、現在は就実大学人文科学部実践英語学科教授・同大学院教授。NHK教育テレビ講師も務めた。『英会話の基本表現100話』(岩波書店)、『たった50単語の英会話イディオム1000』(講談社文庫)、『TOEIC®テストの「決まり文句」』『TOEIC®テストの英文法』(いずれもPHP文庫)、『5時間でTOEIC®テスト650点 改訂新版』『英単語スーパー"語源"記憶術 改訂新版』『使ってはいけない！この英語』(いずれも宝島社新書)『別冊宝島879号ひとこと英会話CD辞典』『別冊宝島958号　覚えたくなる！英語』など著書多数。『放送英語の教育的効果に関する研究』で日本教育研究連合会より表彰を受ける。英字新聞『ASAHI　WEEKLY』およびNHKラジオ『英会話入門』の連載コラムでもおなじみ。

TOEIC®テスト基礎の基礎から始める英単熟語

2007年2月22日　1刷

著　者　　小池直己
　　　　　Ⓒ Naomi Koike, 2007
発行者　　南雲一範
発行所　　株式会社**南雲堂**
　　　　　〒162-0801　東京都新宿区山吹町361
　　　　　電　　話 (03)3268-2384（営業部）
　　　　　　　　　(03)3268-2387（編集部）
　　　　　ＦＡＸ　(03)3260-5425（営業部）
　　　　　振替口座　00160-0-46863
　　　　　印刷所　啓文堂　　製本所　松村製本所

Printed in Japan 　〈検印省略〉
乱丁、落丁本はご面倒ですが小社通販係宛ご送付下さい。
送料小社負担にてお取替えいたします。
E-mail　nanundo@post.email.ne.jp
URL　　http://www.nanun-do.co.jp

ISBN978-4-523-42282-2 C0082〈A-282〉

英語再入門　読む・書く・聞く・話す　〈対談〉　4-523-26107-5　1-107　086720
柴田 徹士／藤井 治彦　　　　　　　　　　　　　四六判・上製(254)　**本体** 1748 円＋税
英語の基本をもう一度きちんと固めたいと思っている社会人や主婦，どうすれば授業を面白く出来るのだろうと悩んでいる先生にぜひ読んでもらいたい本。

英語超独学法　　　　　　　　　　　　　　　　　4-523-26247-0　1-247　086971
吉 ゆうそう　　　　　　　　　　　　　　　　　　四六判・並製(256)　**本体価格** 1456 円＋税
秘中の秘 34 のノウハウ！　海外留学を体験しないで英語の会話能力を独学でモノにした著者が，秘中の秘を大公開。英会話学校に通わなくても，これを実践すれば英語が話せる。

英語っぽくしゃべる英語　　　　　　　　　　　　4-523-26272-1　1-272　086998
森 まりえ／ワイルド・ビル・グッドマン　　　　　四六判・並製(208)　**本体価格** 1165 円＋税
基礎単語と基本表現を使い回すコツ。知っている単語と表現だけで，あなたの英語がもっと英語っぽく聞こえるコツを満載！
　　　　　　　　　　　　　　　　　　　　　　　◆別売 CD　全 1 枚　本体価格 2019 円＋税

英会話決まり文句選集　　　　　　　　　　　　　4-523-42226-5　A-226　113646
秋山 登志之　　　　　　　　　　　　　　　　　　文庫判(240)　**本体価格** 893 円＋税
これ一冊で素敵な英語表現もお手のもの。使い方自由自在の英会話オールラウンドプレーヤー。文庫本。カナ発音付。
　　　　　　　　　　　　　　　　　　　　　　　◆別売テープ　全 1 巻　本体価格 2505 円＋税

英文手紙の実例文と書き方　　　　　　　　　　　4-523-26080-X　1-80　085100
篠田 義明　　　　　　　　　　　　　　　　　　　B6 判・並製(182)　**本体** 1262 円＋税
著者の 20 年間に及ぶアメリカ人女性との文通の実際文を収録し心暖まる手紙の書き方や注意すべきことなどを親切に教える。

英和対訳　ケネディ大統領演説集　　　　　　　　4-523-42216-8　A-216　113580
J.F. ケネディ／長谷川 潔　訳注　　　　　　　　　B6 判・並製(136)　**本体** 1456 円＋税
悲劇の大統領ジョン・F・ケネディの就任演説「平和の建設」などを英和対照，後注付で編集した。ケネディ大統領自身の肉声版テープも用意した。
　　　　　　　　　　　　　　　　　　　　　　　◆別売テープ　全 1 巻　本体価格 2019 円＋税

教えて欲しかった、こんな英語　　　　　　　　　4-523-26446-5　1-446　087235
永本 義弘　　　　　　　　　　　　　　　　　　　A5 判・並製(192)　**本体価格** 1400 円＋税
中学生から大人まで誰でも持つ英語の疑問を Q&A 方式で噛み砕いて教えてくれる本。TOEIC® テストに出る問題の対策版として，各章の終わりに問題と解説をつけた。

カタカナ英語の話　　　　　　　　　　　　　　　4-523-30059-3　1G-59　101463
加島 祥造　　　　　　　　　　　　　　　　　　　四六判・上製(230)　**本体価格** 1748 円＋税
カタカナ語として日本語に借用された語が英語ぐでは本来どんな文脈で，またどのような意味で使われているか。これを知るだけでも英語は楽しくなる。

国際電話英会話の決まり文句
4-523-42265-6　A-265　113751
KDD 東京国際電話局スタッフ　監修　　　新書判・ビニール装 (131) **本体価格 1165 円 + 税**
電話の英会話には，特有の決まり文句があります。この基本的な表現さえ，きちんと覚えてしまえば，もう国際電話を恐れる必要はありません。やさしい表現ばかりですから，本書を完全にマスターすれば，自信が持て，いざという時にきっとあなたの役に立ちます！

ゴルフの英語
4-523-42182-X　A-182　111900
織家 肇　　　　B6 判・並製 (184) **本体 1942 円 + 税**
青木功プロが薦めるゴルフの英語の正しい使い方。ゴルフ用語・会話例文・基本表現などを解説した。

◆別売テープ　全 1 巻　本体価格 2019 円 + 税

歯科英会話入門　アメリカ式近代歯科診療に役立つ
大庭 秀一 / D. ホリディ　　　　　　　　　4-523-42263-X　A-263　109900
四六判・並製 (240) **本体価格 2600 円 + 税**
アメリカ歯科医院での典型的な英会話を通して近代歯科技術が容易に身につき実行できるように編集。パラデンタル・スタッフ必携。　◆別売テープ　全 2 巻　本体価格 各 2505 円 + 税

仕事英会話フレーズ 800
4-523-26293-4　1-293　087035
マイケル・フィッツヘンリ　著　古山 真紀子　訳　B6 判・並製 (208) **本体価格 1165 円 + 税**
自己紹介からプレゼンテーションまで幅広い範囲のフレーズを集約しているので，様々な場面で応用可能。

◆別売テープ　全 2 巻　本体価格　各 2019 円 + 税

実例英文手紙の書き方
4-523-38005-8　A-504　114300
多田 房子　　　四六判・並製 (138) **本体価格 1200 円 + 税**
基礎編〔論文の内容 / 論題の定め方 / 作品の読み方 / リポートから論文へ / 論述の仕方〕　技術編〔素材集めのメモ用紙の利用法 / 原稿用紙の使い方 / 論文の文体と用語 / 英語論文についての覚書〕

就職・ビジネスに勝つ！英語文書の書き方
八巻 由利子　　　　　　　　　　　　　　4-523-26310-8　1-310　087062
四六判・並製 (208) **本体価格 1200 円 + 税**
英語文書作成に自信がつく，見ながら書ける実践マニュアル。ビックリするほど役に立つ，納得させる本格英語ビジネス文書がすぐ書ける。

先生に聞けない英語の疑問
4-523-26181-4　1-181　086901
太田垣 正義　　　B6 判・並製 (216) **本体価格 1456 円 + 税**
英語の先生に質問したくても余りに低次元すぎると思い込んでとどまっている，質問恐怖症候群の中高生の疑問にわかりやすく答えた疑問解消の 77 章。

TEL & LETTER イングリッシュ
4-523-26280-2　1-280　087013
尾崎 哲夫　　　四六判・並製 (128) **本体価格 1262 円 + 税**
電話のかけ方，手紙の書き方について，基本的なパターンを絞りこんだ優れものの一冊。ビジネスでも日常会話でも役に立つ。

なるほど ザ・ワード
4-523-26267-5　1-267　086992

太田垣 正義　　　　　　　　　　　四六判・並製 (232) 本体価格 1553 円＋税

目からウロコの英単語エピソード集！ことばの背景がわかる。棒暗記の単語集より「ため」になるし，おもしろい。ひそかにうんちくを蓄えることができる。英語の疑問にも答える本。

日本語の意味　英語の意味
4-523-30050-X　1G-50　101454

小島 義郎　　　　　　　　　　　四六判・上製 (288) 本体価格 1942 円＋税

語系の異なる日本語と英語の意味の比較を難しい理論や用語をさけて一般の人に理解できるよう具体的，実践的に論じた書きおろし。

日本紹介ガイド英会話
4-523-42181-1　A-181　111800

五十嵐 昭人　　　　　　　　　　　B6判・並製 (160) 本体価格 1243 円＋税

日本の生活様式・文化を外国人に紹介する英語表現を豊富に収録。風俗習慣から観光地まで54項目あり，英会話を中心にして覚えるよう編集した。

◆別売テープ　全1巻　本体価格 2505 円＋税

パーフェクト・Your・イングリッシュ
W・H バリン／高橋 貞雄　訳

4-523-30061-5　1G-61　101467

四六判・並製 (414) 本体価格 2913 円＋税

118ヶ国 6000以上の企業でスタッフトレーニング用として世界的に評価の高い教本をコンパクトにまとめたものです。

はじめてのウィスパリング同時通訳　CD 2 枚付
柴田 バネッサ

4-523-26445-7　1-445　087233

A5判・並製 (192) 本体価格 2286 円＋税

集中力訓練，記憶力訓練，即時反応のための訓練，ノート取りの練習など英検準2級レベルよりスタート。リスニングとスピーキング能力強化のトレーニングを紹介。

実践ゼミウィスパリング同時通訳　CD 2 枚付
柴田 バネッサ

4-523-26452-X　1-452　087241

A5判・並製 (192) 本体価格 2286 円＋税

同時通訳養成法を利用し，スピーチ表現力の強化を図る。会話の初歩から実用までを集中練習できるようにした実践編。

病気になっても困らない英会話
4-523-44271-0　A-271　113764

尾崎 哲夫　　　　　　　　　　　四六判・並製 (142) 本体価格 1300 円＋税

外国で思わぬ病気やケガをした時に，医者と話ができる。丸暗記してそのまま使えるフレーズ，身体，薬，病名など病気やケガに関する基本単語を記載。

平川唯一のファミリーイングリッシュ
4-523-26286-1　1-286　087026

福田 昇八　編　　　　　　　　　　　四六判・並製 (204) 本体価格 1500 円＋税

NHKで放送され全国津々浦々で若者の耳をとらえたあの平川英会話が今よみがえる。日本をテーマにした英会話教材。

◆別売CD　全1枚　本体価格 2019 円＋税

米会話発音教本
4-523-42055-6　A-55　105600

大塚 高信 監修　東谷 岩人 著　　　　　　　　A5判・並製 (162) **本体価格 1800円 + 税**

日本語の音からどのようにしたら美しい英語の音になるかを実例写真，図版を駆使し解説。ひとつひとつの母音，子音の練習や比較練習を見つけた。

　　　　　　　　　　　　　　　　　　　　　　◆別売テープ　全1巻　本体価格 2500円 + 税

翻訳再入門　エッセイと対談
4-523-26174-1　1-174　086894

加島 祥造 / 志村 正雄　　　　　　　　　　　　四六判・上製 (252) **本体価格 1748円 + 税**

二人の熟練翻訳家が豊富な経験をもとに語るユニークな翻訳文章読本。〈内容〉後戻りしない文章 / 直喩の訳し方 / 意味のストレス / 引用句辞典と翻訳 / 時制のこと　他。

マザー・グースをしっていますか？
4-523-29171-3　1B-171　097846

来住 正三　　　　　　　　　　　　　　　　　B6判・並製 (248) **本体価格 1942円 + 税**

新聞の見出し，映画，小説のタイトル等，英語国民の生活とともにあるマザー・グースの唄。それらの唄の中から現代まで受け継がれてきた唄を取り上げ分類し，解説をしながらその楽しさを伝える。

ミニ英会話決まり文句選集
4-523-42246-X　A-246　113701

秋山 登志之　　　　　　　　　　　　　　　　文庫判 (254) **本体価格 950円 + 税**

日常生活でよく使われる短い会話 (ミニ表現) を中心に精選した。好評の「英会話決まり文句選集」の姉妹編。

　　　　　　　　　　　　　　　　　　　　　　◆別売テープ　全2巻　本体価格 各1534円 + 税

みんなの英会話
4-523-42103-X　A-103　106500

小島 義郎　　　　　　　　　　　　　　　　　B6判・並製 (198) **本体価格 1400円 + 税**

NHKテレビ講座でキャリアの深い著者が，効果的な英会話の学び方を教授。①対話　②訳　③発音練習　④文型練習　⑤重要表現　⑥会話の知識からなる。

　　　　　　　　　　　　　　　　　　　　　　◆別売テープ　全3巻　本体価格 各2019円 + 税

目からウロコの　単語を使いこなす英会話
4-523-26350-7　1-350　087124

黒川 裕一　　　　　　　　　　　　　　　　　四六判・並製 (244) **本体価格 1200円 + 税**

break, come, get, go など25個の基本動詞を自信を持って使いこなせるようになる。この本を読み終えた時，「なあんだ，英語ってそんなに難しくないじゃん！」と感じられたら嬉しいです。

やさしい秘書の英会話
4-523-42278-8　A-278　113778

服部 栄子メリエン　　　　　　　　　　　　　四六判・並製 (176) **本体価格 1200円 + 税**

国際化の影響で英語を使う機会が急速に増えている。英語を使うシチュエーションを想定してあらゆる場面に対応できる会話表現を満載。

　　　　　　　　　　　　　　　　　　　　　　◆別売テープ　全1巻　本体価格 2019円 + 税

リスニングするネイティブフレーズ
4-523-26249-7　1-249　086972

ダニエル・ブルーム　　　　　　　　　　　　　四六判・並製 (208) **本体価格 1165円 + 税**

ありきたりの英語学習はもうたくさんという方におすすめ。ネイティブ同士の会話をもっと楽しみたい英語マニアには必読の書。

　　　　　　　　　　　　　　　　　　　　　　◆別売テープ　全1巻　本体価格 2019円 + 税

あなたの英語・英会話勉強法は間違っている
市橋 敬三
4-523-26315-9　1-315　087066
四六判・並製 (142) **本体価格** 1200 円 + 税

英語を話せるようになりたい人、TOEIC®、TOEFL®、英検受験生、留学生、大学受験生の方々へ。英語学習をわざわざ難しくしていませんか？

あなたの疑問点に緊急出動する　英語の救急車
市橋 敬三
4-523-26336-1　1-336　087100
B6 判・並製 (296) **本体価格** 1300 円 + 税

Everybody は単複どちらの代名詞で受けるか。anybody はどうか。辞書でもなかなか解決してくれない疑問点 243 項目が一発でわかる。疑問解消 BOOK。

アメリカ英語日常会話辞典
4-523-31043-2　D-43　080785
市橋 敬三
A5 判・並製 (204) **本体価格** 2500 円 + 税

日本の辞書に収録されていない，全アメリカで実際に使われている日常会話表現を満載し，その使用頻度も明記。

アメリカ英語ビジネス会話辞典
4-523-31044-0　D-44　080786
市橋 敬三
A5 判・並製 (242) **本体価格** 2600 円 + 税

世界標準語として認知され，全アメリカで使用頻度の高いビジネス表現にもかかわらず，日本の辞典に収録されていない表現が本書に満載。

3 週間で英語が話せる魔法の英文法 1　CD 付
市橋 敬三
4-523-26377-9　1-377　087158
四六判・並製 (188) **本体価格** 1600 円 + 税

英文法書では扱われていないが，英米人が日常よく使っている話すための生きた英文法を豊富に取り揃えた。好評のシリーズ本！

3 週間で英語が話せる魔法の英文法 2　CD 付
市橋 敬三
4-523-26378-7　1-378　087159
四六判・並製 (208) **本体価格** 1600 円 + 税

動名詞 / 名詞的不定詞 / 原形不定詞 / 形容詞的不定詞 / 副詞的不定詞 / 現在分詞 / 過去分詞などの使い方の例文を収録。

3 週間で英語が話せる魔法の英文法 3　CD 付
市橋 敬三
4-523-26379-5　1-379　087160
四六判・並製 (192) **本体価格** 1600 円 + 税

関係形容詞① / 関係形容詞② / 名詞節 / 付属疑問文 / 副詞節を使った例文を豊富に収録。

3 週間で英語が話せる魔法の英文法 4　CD 付
市橋 敬三
4-523-26380-9　1-380　087161
四六判・並製 (238) **本体価格** 1600 円 + 税

現在完了 / 過去完了 / 仮主語 / 仮目的語 it / 強調構文 / 仮定法 / I wish と if only / like と as if / 命令文 +and と命令文 +or / 受身 / 提案の表現